커뮤니케이션 코드

고객 감동·조직 성과·목표 달성을 위한 기술

커뮤니케이션 코드

초판 1쇄 인쇄	2021년 12월 06일
초판 1쇄 발행	2021년 12월 13일
지은이	지홍선
펴낸이	박남균
펴낸곳	북앤미디어 디엔터
등록	2019.7.8. 제2019-000090호
주소	서울시 영등포구 국회대로 675, 9층
전화	02)2038-2447
팩스	070)7500-7927
홈페이지	the-enter.com
책임	박희라
편집이사	김혜숙
편집	박희라
북디자인	김은주 이원아
해외출판	이재덕

ISBN 979-11-967612-7-1 (13320)
정가 17,000원

이 도서의 국립중앙도서관 출판예정도서목록(CIP)은 서지정보유통지원시스템
홈페이지(http://seoji.nl.go.kr)와 국가자료종합목록 구축시스템(http://
kolis-net.nl.go.kr)에서 이용하실 수 있습니다.

고객 감동·조직 성과·목표 달성을 위한 기술

커뮤니케이션 코드

지홍선 지음

북앤미디어 디엔터
B o o k & M e d i a

소통 능력만큼 꿈을 이루고 유지한다

20여 년간 기업에서의 리더십, 조직 활성화, 소통 등의 강연을 진행하면서, 중소벤처기업 1등 강사라는 명예도 얻었고, 기업 강연 강사들의 '교수 강사'라는 타이틀도 얻었다. 이는 기업 강연에서 요구되는 '목적 달성을 위한 동기부여', '조직 내 직급 간 갈등 해소', '직무 역량 강화' 등의 기업에서 좋아할 만한 가시적 성과를 잘 끌어냈기 때문이라 생각된다.

그렇지만, 이 책에서 다루게 될 개인뿐만 아니라 공공 분야의 서비스적인 소통으로 넘어가면 분위기가 확 달라진다. 기업에서 요구되었던 가시적 성과보다 공공서비스는 지속적인 서비스 품질을 유지하는 것이 더욱 중요하게 여겨지게 되었다.

그렇다 보니 공공서비스 제공자는 불특정 다수의 민원인(고객)을 접하며, 다양한 형태의 민원에서 '감정 조절 실패', '근로 의욕 저하', '자존감 상실' 등의 업무 내외적으로 막중한 스트레스 상황에 놓이게 된다.

'어떻게 하면 즐겁게 일하고 내가 원하는 목표를 달성할 수 있을까?'

그 해답은 대상자와의 지속적인 소통에서 답을 얻을 수 있다.

이 책은 일반인뿐만 아니라 기업, 나아가 공공서비스 종사자들에게 '소통 코드'의 기준을 제시함으로써 공공기관, 기업, 대학, 개인의 목표 달성 (취업, 이익 창출 등)에 도움이 되는 것이 첫 번째 목적이며, 공공서비스가 공공서비스 문화로 지속하기를 바라는 것이 두 번째 목적으로 그간의 기업 등 수천 회의 강연에서 얻은 경험을 바탕으로 정리하였다.

지홍선

당신의 커뮤니케이션 점수는?

우리는 대화를 통해 상대와 수많은 정보와 감정을 주고받는다. 메시지 전달의 효율성이라든지, 기술적인 측면까지 따지자면 수많은 기준이 있겠으나 아래는 우리가 상대와 대화하면서 기본적으로 준비해야 할 부분에 대한 체크리스트이다.

본격적으로 커뮤니케이션 기술을 배우기 전, 지금의 커뮤니케이션 점수는 몇 점인가 체크해보자. 점수는 스스로 판단해 평가하도록 한다.

▼ 커뮤니케이션 역량 진단지

항목	내용	평가지수 (0~10)
1	청중과 커뮤니케이션할 때 말하는 방법에 대하여 열심히 연구하는 편인가?	
2	상대방과 대화하기 전에 사전준비를 철저히 하는 편인가?	
3	상대방의 이야기를 잘 들으려고 노력하는가?	
4	처음 만난 사람과도 기죽지 않고 이야기할 자신이 있는가?	
5	이야기에 상대방을 끌어들이는 매력이 있는가?	
6	말을 할 때 느끼고 생각하는 것을 그대로 표현할 수 있는 능력이 있는가?	
7	이야기하는 핵심 주제를 강조하고 중요한 사항은 반복하여 말하고 있는가?	
8	순간적인 상황에서 재치 있는 한마디를 던질 능력이 있는 편인가?	
9	설득할 때 상대방이 응해오지 않는다고 벌컥 화를 내는 일이 있는가?	
10	스위치 온 표정(명랑한 미소)과 스위치 오프 표정(무표정)을 지을 능력이 있는가?	
11	상대방이나 청중과 커뮤니케이션할 때 호의적인 태도와 미소로 대하는가?	

12	상대방의 이름을 기억하여 불러주며 그가 중요한 사람이라는 것을 인식하게 하는가?	
13	상대방이나 청중이 공감하는 주제로 커뮤니케이션을 하는가?	
14	커뮤니케이션 시 당당하고 자신감 있으며 열정적인 태도로 메시지를 전달하는 타입인가?	
15	주제에 맞는 적절하고 효과적인 예화를 활용하여 전달하는가(EOB 화법)?	
16	상대에게 먼저 말할 기회를 주고, 자신은 더 많이 경청하는 타입인가?	
17	효과적인 보디랭귀지(시선, 손짓, 표정, 움직임)와 적절한 쇼맨십으로 대화하는가?	
18	최고의 인간관계 기술인 칭찬 화법과 그 테크닉을 알고 있으며 이를 잘 실천하고 있는가?	
19	매사에 최악의 인간관계를 만드는 비난, 비평, 불평은 하지 않는가?	
20	신뢰감을 주는 커뮤니케이션을 실천하며 잘못한 것은 바로 인정하는 타입인가?	

당신의 커뮤니케이션 점수는 몇 점인가요? (합산한 점수를 2로 나눕니다.)		점

▼ 평가지수별 커뮤니케이션 역량

91~100점	**커뮤니케이션의 능력자** 당신은 전문가 수준의 커뮤니케이션 역량을 지니고 있다. 지속적으로 노력한다면 21세기가 요구하는 커뮤니케이션 전문가다운 모습을 갖게 될 것이다.
71~90점	**커뮤니케이션의 실력이 상당히 우수한 수준** 커뮤니케이션을 잘하고 있다. 자기표현과 공감대 형성 방법을 익힌다면 커뮤니케이션 분야의 전문가가 될 수 있을 것이다.
51~70점	**커뮤니케이션의 중요성을 어느 정도 아는 수준** 더욱 많은 노력이 필요하다. 커뮤니케이션을 잘하기 위해 자기표현을 진솔하게 하고 명연설가를 롤모델로 삼아 실천할 필요가 있다.
50점 이하	**커뮤니케이션의 능력 제고를 위한 새로운 리모델링이 필요** 커뮤니케이션이 자기 변화와 성공을 위한 필수 요소임을 인식하고 즉시 변화를 시도해야 할 것이다.

자가 진단에서 매겨진 점수는 그 자체로만 봤을 때 사실 큰 의미가 없다. 커뮤니케이션 역량을 평가하는 절대적 기준도 아니고 지극히 주관적인 관점에서 이뤄진 평가이기 때문에 정확하다고 보기도 어렵다. 더군다나 어떤 사람은 스스로의 역량을 지나치게 높게 평가하는 반면에 또 어떤 사람은 실제보다 훨씬 낮게 본다. 타인에 의해 이뤄진 평가라 하더라도 마찬가지다. 그 또한 한 개인의 주관적인 시선일 뿐 정확도를 따지기는 힘들다. 그렇다면 이런 진단 기준이 의미가 있을까? 어떠한 목적으로 이런 진단을 하는 걸까?

말장난처럼 보일 수 있겠지만 진단에 임하는 행위 자체로 이미 충분한 의미와 가치가 있다. 각 항목을 차근차근 읽어보면서 커뮤니케이션을 성공적으로 이끌기 위해 과연 어떤 역량들이 필요한지를 공부해보는 것이다. 또한, 점수를 매기기 위해 자신의 대화 패턴과 습관 등을 돌아보는 것도 중요하다. 비록 그 기준이 주관적이라 할지라도 말이다. 나는 어떠한 방식으로 말하고 있나, 그 방식은 과연 옳은가, 상대를 어떤 마음가짐으로 대하고 있는가를 생각해보는 것만으로도 이미 내 속에서 변화가 일어나게 된다. 변화의 시작은 자각이다. 이는 심리학 분야에서도 강조하는 것으로 자신의 상태를 스스로 깨닫는 일은 매우 중요하다.

본격적으로 커뮤니케이션에 필요한 기본기와 주요 기술을 배우려는 지금 당신의 점수는 몇 점인가? 그리고 이 과정을 끝낸 후 달라져 있을 당신의 커뮤니케이션 역량은 과연 몇 점일까? 그리고 실제 체크했을 때 몇 점으로 나오는가?

목차

| 프롤로그 | 소통 능력만큼 꿈을 이루고 유지한다   004
| 셀프 진단 | 당신의 커뮤니케이션 점수는?   006

STEP 1   **왜 커뮤니케이션 코드인가**

알고 지낸 시간을 뛰어넘는 말의 힘   016
통(通)과 불통(不通)은 한 끗 차이   018
비즈니스 성패를 결정하는 커뮤니케이션   021
'말 잘한다'는 말의 진짜 의미   024

STEP 2   **커뮤니케이션 & 스피치 코드 익히기**

대화를 주도하는 자의 비밀: 6가지 스피치 코드   030
커뮤니케이션 코드: 언어와 준언어, 비언어라는 무기   034
상황 코드: 'No'가 'No'가 아닐 수도 있는 한국 사회   040
성별 코드: 남자와 여자의 대화는 어떻게 다른가   046
성향 코드: 맞춤형 대화의 달인이 되어야 하는 이유   052
대화 스타일 코드: 뒤끝 없는 직설과 애매한 완곡어 사이   059
가치관 코드: 누구에게나 통하는 치트 키는 없다   061
  | 더 알아보기 | 대화를 통해 성격을 파악하는 방법   065

 STEP 3 **커뮤니케이션 코드 활용하기**

익숙함으로 위장한 고집을 버려라 072

목소리를 최상으로 유지하라 075

마인드를 관리하라 080

얼굴 표정을 경영하라 086

시선을 자연스럽게 처리하라 097

말하기 전에 충분히 들어라 106

마음에까지 가닿는 발성을 연습하라 112

좋은 소리를 내라 118

내용에 어울리는 발음은 따로 있다 123

매력적인 목소리를 만드는 훈련법 126

이야기를 더 맛있게 만드는 세 가지 재료와 조리법 130

대화의 55%는 몸이 전달한다 136

스피치에 이야기를 입혀라 157

대상과 상황에 따라 달리 말하라 164

다른 세대와 원활히 소통하는 법을 익혀라 169

STEP 4 **커뮤니케이션 코드 실전 솔루션**

대표님과는 말이 안 통해요 176

위에서 눈치 보고, 밑에서 치이는 중간 관리자의 고충　179

맛있는 그 집에 단골 하나 없는 이유　184

저는 말주변이 없어요　189

그대 앞에만 서면 나는 왜 작아지는가　193

부부 및 연인 관계를 하트 모양으로 빚어주는 대화법　198

STEP 5

서비스 제공자의 커뮤니케이션 코드

CS 리더의 커뮤니케이션　206

CS 직원의 커뮤니케이션　212

고객 컴플레인 잠재우기　228

고객 접점의 이해　250

직원이라면 가져야 할 센스　258

직무 스트레스 관리　267

| 에필로그 | 커뮤니케이션은 종합예술　276

| 참고 문헌 |　278

왜 커뮤니케이션 코드인가

알고 지낸 시간을 뛰어넘는 말의 힘

🎙 처음 봤는데 편하고, 오래 봤는데 불편한 그 사람

만난 지 얼마 되지 않았거나 심지어 처음 만났음에도 불구하고 마치 오래 묵은 친구처럼 편안한 사람이 있다. 직업도 다르고, 관심사도 겹치지 않고, 생각해보면 어느 하나 대화가 통할 만한 부분이 없는데도 말이다.

한편 동창이나 친구들을 몇몇 떠올려 보면 반대의 경우도 찾을 수 있다. 만난 지도 오래됐고, 분명 친구이긴 한데 어쩐지 둘이 있으면 조금 어색하고 은근히 불편하기까지 한 사람이 주변에 한둘은 있기 마련이다. 관심사도 같고 함께한 추억도 많은데 어쩐지 대화가 자연스럽지 않고 뚝뚝 끊어지는 듯 매끄럽지 않은 느낌이 든다. 어딘가 모르게 편하지 않은 것이다. 그러나 아무리 생각을 해봐도 또렷한 이유는 떠오르지 않는다. 단지 불편하다고 느껴질 뿐. 이렇듯 주변에는 분명 '신기하게도 참 잘 맞는', 반대로 '이상하게 뭔가 안 맞는' 그런 사이가 있다. 어째서 그럴까?

🎙️ 관심사만 같으면 친해질 수 있을까?

사람들은 대개 관계의 친밀도를 결정하는 중요한 요소로 '관심사'를 꼽으며 공통의 관심사가 있으면 금방 친해진다고들 한다. 물론 어느 정도 맞는 말이다. 관심사가 두 사람의 관계를 서로 끈끈하게 이어주는 역할을 하기 때문이다. 그래서 우리는 상대와 가까워지기 위해 공통 관심사를 열심히 찾는다. 실제 비즈니스 관계에서도 이는 대체로 긍정적인 요소로 작용하는 경우가 많다.

그러나 두 사람 사이의 공통분모가 반드시 관계 개선이나 친밀함을 보장하진 않는다. 호감도의 변화는 무의식의 영역에서 일어나기 때문이다. 개인의 기질적인 측면을 비롯해 서로의 관계, 각자의 기분, 상황, 커뮤니케이션 스타일 등 수많은 요소가 동시에 무의식 속에서 끊임없이 상호 작용한다.

무의식이라고 하면 굉장히 복잡하고 감춰진 미지의 영역처럼 여겨진다. 그런데 상대의 무의식으로 접근해 관계의 변화까지 일으키라고 한다면 더더욱 어렵게 느껴질 수 있다. 하지만 의외로 상대의 거대한 무의식을 간단히 움직일 수 있는 키(Key)가 하나 있다. 바로 '언어'이다. 스피치란 소릿값을 가진 언어를 전달하는 행위이고, 이를 통해 듣는 이의 마음을 움직이고 행동까지 변화시키는 힘을 발휘한다. 경차든, 스포츠카든, 대형 트럭이든 엔진과 바퀴를 움직이는 건 결국 손가락 절반 길이의 키라는 것을 기억하자.

통(通)과 불통(不通)은
한 끗 차이

직원들과 회의할 때마다 늘 소통의 중요성을 강조하는 대표가 있다. 외부 강사에게 직원 교육을 의뢰할 때도 주제는 늘 소통과 커뮤니케이션이었는데, 아이러니하게도 조직 구성원들은 대표와의 소통에 문제가 많다고 여겼다.

대표가 평소 직원들의 말을 잘 안들어줘서 그랬을까? 그렇지 않았다. 대표는 정기 회의 외에도 경영진들과 함께하는 자리를 자주 만드는 편이었고 모임 중간에 말을 자르는 일도 없었다. 끝까지 귀를 열고 들어주는 모습만 보면 소통에 아무런 문제가 없어 보였다.

대표는 직원들 사이의 소통에 문제가 있다고 생각해서 커뮤니케이션 강의를 늘 의뢰해왔지만 가장 큰 소통 문제는 자신과 직원들 사이에 놓여 있었다. 누구보다 소통의 중요성을 강조하는 대표, 그의 문제는 과연 무엇일까?

사례 2 말수가 적어도 대화가 통하는 사람

두 부부가 있다. 놀랍게도 두 남편은 쌍둥이라 해도 믿을 정도로 닮았는데, 외모가 아니라 평소 말하는 스타일이 똑같다고 해도 될 정도로 닮았다.

두 남편은 하나같이 말이 없는 편이다. 무뚝뚝하기 그지없어 아내가 어떤 말을 해도 "그래", "알았어", "좋아" 말고 다른 대답은 거의 듣기가 힘들다. 그런데, 이 똑같은 두 사람에 대한 아내의 평가는 극명하게 나뉜다. 한 아내는 그런 남편과의 대화가 만족스럽진 않지만, 그럭저럭 잘 통한다고 여긴다. 반면 다른 아내는 같은 스타일의 남편을 두고 고집불통에 말이 전혀 안 통한다고 평한다.

두 남편은 모임에서 자기소개조차 제대로 못 하는 사람이다. '어디 사는 누굽니다'가 끝이다. 잘 지내셨느냐는 질문에도 "네"가 끝이고 식사하셨느냐는 인사에도 "네"가 끝이며 어떤 질문에도 돌아오는 답은 거의 단답형인 건 물론 "당신은 어때요?"라는 메아리는 애초에 기대도 못 한다.

두 남편 모두 평소 혼자서만 일하는 직업이라 더 그렇기도 하고, 듣자 하니 어릴 적 자라온 집안 분위기도 과묵했다고 한다. 자기표현은커녕 말할 기회조차 거의 없는 환경에서 자랐고, 지금도 별반 다르지 않은 것이다.

부부 사이에 대화가 잘 통한다는 것을 단순히 주고받는 대화의 양만 가지고 따질 수는 없다. 특히 남자가 아무리 말을 많이 한다고 하더라도 일반적으로 여자의 대화량을 따라잡기는 어려운 게 사실이다.

그래서 말 없는 두 남편에 대한 평가 역시 둘로 나뉘었다. 두 남편 모두 말수가 극히 적은 편인데도 불구하고 배우자 한 사람은 부부 간 대화 및 소통에 대해 만족한다고 했고, 다른 한 사람은 불만족한다고 했다. 대체 이 차이는 어디에서 비롯된 것일까?

흔히 대화와 소통에서는 말하는 것보다 듣는 것이 더 중요하다고 한다. 입은 하나이지만 귀는 둘인 이유가 경청이라는 비유로 그 중요성을 설명하기도 한다. 실제 경청은 커뮤니케이션의 매우 중요한 부분을 차지한다. 경청만 잘해도 상대는 나를 '대화가 잘 통하는 사람'이라 느끼게 되며, 나아가 '말을 잘하는 사람'이라 여길 수 있다.

평가가 나뉘는 두 남편도 비밀은 듣는 자세에 있다. 똑같이 "응" 하고 단답형으로 말하더라도 그 뉘앙스가 어땠는지, 시선은 어디를 향하고 있는지, 자세는 어땠는지 등에 따라 상대가 느끼는 감정은 크게 달라진다. 소통을 강조하지만 정작 불통이라 여겨지는 대표도 마찬가지다. 본인은 의식조차 못 하는 사소한 눈길 하나, 손짓 하나에 커뮤니케이션 전문가로 거듭날 수도 있고, 불통의 아이콘이 될 수도 있는 것이다. 통(通)과 불통(不通)을 가르는 건 듣는 자세라는 사실을 명심하자.

비즈니스 성패를 결정하는 커뮤니케이션

사례 1 영업팀 에이스로 떠오른 A 씨의 비결

상품 관리부에서 근무하던 A 씨는 최근 영업팀으로 부서를 옮기며 새삼 능력을 주목받고 있다. 인사차 기존 거래처를 다니며 담당자와 빠르게 친분을 쌓을 뿐 아니라 새 거래처를 소개받는 일도 많아졌기 때문이다.

비결을 묻는 동료들의 질문에 A 씨의 답은 의외로 단순했다. 거래처 담당자의 업무 외 관심사가 무엇인지 파악한다는 것이었다. 그는 K사 김 대표의 경우 골프를 좋아하고, Y사 박 대표는 최근 캠핑에 관심을 두기 시작했으며, 또 R사 최 이사는 무려 6마리의 고양이와 생활한다며 거래처 담당자의 개인적인 취향을 줄줄 꿰고 있었다.

담당자의 관심사를 파악하는 것 외에 실질적인 업무 요령이 있을 것 같아 그에게 물어봤다. 그러자 그는 "어차피 경쟁사 제품들과 가격도, 품질도 비슷해 이렇다 할 차별화 요소는 없지 않습니까? 그 사실을 거래처 대표들도 이미 잘 알고 있습니다"라고 말했다.

B 씨는 온라인 광고대행사를 운영 중이다.

하루는 모 거래처에 광고 담당자가 바뀌면서 이번 기회에 대행사도 교체하기로 했다는 통보를 받았다. 부랴부랴 거래처를 찾은 B 씨는 담당자의 사무실 한편에서 등산용 스틱을 발견했다. 유명 등산용품 브랜드 로고가 그려진 쇼핑백까지 확인하고 나서 '저거다!' 하고 등산 얘기로 화제를 돌렸다. 새 담당자는 반가운 표정을 짓더니 한동안 등산 이야기에 열을 올렸다.

그러나 B 씨는 결국 계약 연장에는 실패하고 말았다.

흔히 갑의 위치에 있는 담당자의 관심사를 파악하고, 사적인 친분을 쌓는 것은 비즈니스에서 매우 중요하다고 알려져 있다. 그 때문에 수많은 비즈니스맨들은 업무와 전혀 상관없음을 알지만, 휴일에도 일찍 일어나 골프를 치러 나가고 열심히 산에 오르며 술도 마신다.

그러나 불행히도 위의 두 번째 사례처럼 공감대와 친밀감을 형성했다고 해서 반드시 비즈니스가 성공적으로 마무리되지는 않는다. 어째서 B 씨는 A 씨와 똑같은 전략을 썼음에도 불구하고 계약에 실패했을까? 심지어 대화도 유쾌하게 진행되었음에도 말이다.

이는 두 담당자의 대화 스타일이 근본적으로 다르기 때문이다. 사적인 친분이 업무 관계에까지 영향을 주는 사람이 있는가 하면, 둘을 명확히 구분하는 사람도 있다. 사례에서는 대화 패턴이 크게 두 가지로 나뉜다.

관계 중심 대화 유형   **업무 중심** 대화 유형

A 씨가 만난 담당자들은 단순히 사례만 놓고 봤을 때 관계 중심적인 사람이라 볼 수 있다. 이들은 일단 친분이 쌓이게 되면 신뢰에도 변화가 생기며 이는 업무 결정에까지 영향을 미친다.

하지만 B 씨가 만난 담당자는 그 반대 유형에 속한다. 업무 중심적인 대화를 하는 이들은 공과 사의 구별이 명확하다. 이들은 회사 밖에서 아무리 친하다 하더라도 일에서만큼은 정확히 선을 긋는다. 오히려 회의 때 섣불리 친분을 쌓기 위해 사적인 대화를 길게 이어갔다간 마이너스 점수를 받을 수도 있다. 비록 앞에서는 웃고 있을지라도 말이다.

그렇다면 이쯤에서 궁금증이 생길 것이다. 그 짧은 미팅 시간 동안 상대가 둘 중 어느 유형에 속하는지 과연 알 수 있을까? 알 수 있다면 어떻게 해야 할까? 그리고 유형을 나누는 기준은 몇 가지나 있을까? 무엇보다 각각의 유형에 맞추려면 어떻게 대화해야 할까?

'말 잘한다'는 말의 진짜 의미

> 인간관계에서 가장 중요한 것은 자기표현이며, 현대의 경영이나 관리는 커뮤니케이션으로 좌우된다.
>
> — 피터 드러커

🎙 스피치는 말 잘하는 기술?

'스피치'라고 하면 사람들은 대개 '말 잘하는 기술' 정도로 여긴다. 청산유수처럼 말을 쏟아내며 청중을 들었다 놨다, 웃겼다 울렸다 하는. 그래서 주로 사회자나 개그맨, 강사, 영업사원 등 특정 직업군에나 필요한 '기술' 말이다.

동시에, 이 '말 잘하는 기술'을 타고나는 능력이라 여기기도 한다. 그 이면에는 '어차피 나는 타고나지 않았으니까 노력해봐야 안 될 거야'라는 자기 비하와 포기의 심정도 깔려 있다.

애초에 말을 조리 있게 잘하는 능력은 자신과 무관하다고 치부하기도 한다. 자기는 방송인이나 강사도 아니고 영업사원이나 경영자도 아닌데 굳이 스피치에 신경 쓸 필요가 있는가 하는 생각이다.

과연 스피치란 특정인에게만 필요한 능력일까? 타고나야 할까? 배운다고 늘까? 굳이 말을 잘해야 할 필요가 있나? 그리고 본질적으로, '말을 잘한다'의 기준은 무엇인가?

🎙 <u>스피치의 3가지 의미</u>

이에 대한 답을 구하기 위해 우선은 '스피치'란 무엇인지부터 정의할 필요가 있겠다.

스피치란 첫째, 여러 사람 앞에서 자기의 주장 또는 의견을 진술하는 '연설'을 뜻한다. 자신의 주장이 청중의 행동과 변화로 이어지게 하려면 반드시 메시지를 제대로(효율적인 방식으로), 힘 있게 전달할 수 있어야 한다.

둘째, 스피치는 서로 이야기를 주고받는 '담화'를 의미하기도 한다. 스피치 훈련에 경청의 기술이 포함되는 이유이기도 하다. 여기서 말을 주고받는 대상에는 상대뿐 아니라 나 자신도 포함된다. 나 자신과의 대화는 내적 대화라고 하며, 이는 자존감과도 직결되어 있다.

셋째, 스피치에는 '언어 능력'이라는 뜻도 있다. 말에는 목적이 있다. 누구를 대상으로, 어떠한 내용을 전달하든 모든 말의 목적은 단 하나다. 상대를 내가 원하는 상태로 만드는 것, 연설이라면 내 주장에 대중들이 동조하고 따르게 하는 것이 목적이다. 세일즈맨이라면 상대를 설득하는 것이 스피치의 목적이고, 개그맨이라면 청중을 웃게 만드는 것이 목적이다. 우리는 연인에게 프러포즈할 때, 취업을 목적으로 면접을 볼 때 등 다양한 상황에서 다양한 목적을 달성하기 위해 스피치, 즉 언어능력을 필요로 한다.

🎙 진짜 말 잘하는 사람은 상대를 변화시킨다

따라서 말을 잘한다고 하는 것은 결국 상대를 내가 의도한 상태가 되게끔 만들 수 있다는 뜻이다. 이때 '의도한 상태'의 범위는 매우 넓다. 상대를 설득한다든지, 판매나 각종 계약과 같은 행동의 변화를 촉구한다든지, 특정 정보를 오래 기억하게 하며 감동을 주거나 사과를 받아들이게 하는 등 상대의 모든 내적·외적인 상태 변화를 아우른다. '말'에는 그만한 힘이 있다.

말을 잘하는 능력은 누구나 익힐 수 있다. 이때 필요한 단 하나의 조건은 재능이 아니다. 오늘을 계기로 어제와 다른 내일의 내 모습이 되고자 하는 의지, 더 나은 모습으로 변화·발전하려는 의지가 필요하다. 그 의지만 있다면 필요조건은 다 갖춘 셈이다.

이 책은 커뮤니케이션 능력을 키우는 데 필요한 여러 내용을 담고 있지만, 궁극적인 목적은 단 하나다. 당신이

어떤 자리에서
누구를 상대로
어떠한 말을 하더라도
목적한 바를 이루게 하는 것

그 길은 생각보다 멀거나 험하지 않다. 의지를 다지고, 하루 단 몇 분만 이라도 투자할 수 있다면 누구든 가능하다. 실천하느냐, 실천하지 않느냐 의 차이가 있을 뿐이다.

커뮤니케이션 & 스피치 코드 익히기

대화를 주도하는 자의 비밀:
6가지 스피치 코드

"그 친구들은 서로 코드가 잘 맞아."

말이 잘 통하는 사이를 두고 흔히 쓰는 표현이다. 모든 사람은 대화할 때 저마다의 고유한 특징을 보인다. 수많은 특징을 어떤 기준에 따라 묶어나가다 보면 몇 가지 코드(카테고리)로 분류할 수 있다.

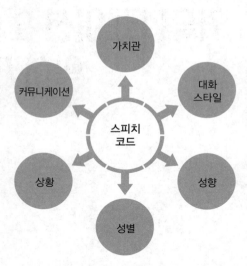

즉, 나와 같은 유형의 코드값을 가진 사람과 대화할 때는 익숙함과 편안함을 느끼고, 상반되는 타입을 가진 사람과 대화할 때는 불편함을 느낄 것이다. 이것이 첫 만남에도 친숙함을 느끼거나 반대로 오래 만나도 어색한 관계가 있는 근본적인 이유다.

그렇다면 만약 상대가 가진 대화의 코드를 읽어낼 수 있다면 어떨까? 만약 그것이 가능하다면 누구를 만나도 내가 원하는 방향으로 얼마든지 대화를 성공적으로 이끌 수 있을 것이다. 코드를 읽을 줄 안다는 건 자동차에 시동을 걸 뿐만 아니라 사고 없이, 안전하게 주행하여 원하는 목적지까지 도달할 수 있다는 뜻이다.

코드를 읽는 기술은 비즈니스 관계에서도 굉장히 유용하게 쓰인다. 상대를 설득하고, 계약 성사는 물론 거래에 있어 유리한 고지를 차지하며, 위험 요소를 미리 파악하는 등 비즈니스 성패를 크게 좌우하는 힘을 갖는 셈이다. 상대가 쓰는 말의 코드를 제대로 읽을 수 있다면 대화가 오가는 현재 상황에 대한 명확한 판단이 가능해진다. 상황 판단이 된다는 건 그때그때 필요한 전략과 전술까지 수월하게 짤 수 있다는 뜻이기도 하다.

사람들은 저마다 고유한 커뮤니케이션 스타일을 가지고 있다. 하지만 그 수많은 스타일은 특정 코드(기준)에 따라 몇 가지로 분류할 수 있다. 분류된 코드를 잘 이해하게 된다면 설령 나와 반대되는 유형에 속한 사람이라 할지라도 얼마든지 그의 스타일에 맞춰줄 수 있게 된다. 그 결과 상대는 더욱 친근함을 느낄 것이고 대화의 목적도 원만하게 달성할 수 있다. 다시 말해 대화의 코드를 잘 읽어낼 수 있다면 누구나 스피치 전문가가 될 수 있다는 뜻이기도 하다.

코드를 분류하는 기준은 다양하다. 이 책에서는 큰 카테고리에서 점차 세부적인 코드로 좁혀 들어가는 쪽으로 방향을 잡았다. 무엇보다 코드를 누구나 쉽게 읽어내고 활용할 수 있어야 한다는 사실을 염두에 두고 분류하였다.

스피치 코드는 언어와 준언어, 비언어를 비롯해 상황과 대화 상대의 성별, 각종 스타일 등으로 분류할 수 있다. 큰 맥락에서 먼저 상황과 상대의 성별 등으로 대화의 기본 틀을 잡은 다음, 대화를 통해 상대의 대화 방식과 가치관 등을 파악해 유형을 분류하게 된다. A 유형, B 유형 등 스피치 코드를 몇 가지 결괏값에 맞춰 인위적으로 구분하지는 않았다. 오히려 이러한 구분은 코드를 읽을 때 방해가 될 뿐이고 특정 유형에 상대를 귀속시킴으로써 자칫 디테일한 부분에 대한 오류가 발생할 위험이 더 커지기 때문이다.

커뮤니케이션 코드	언어	말의 내용과 다양한 패턴(시간선, 선호표상채널 등)
	준언어	속도, 강도, 음색 등
	비언어	보디랭귀지
상황 코드		고맥락 / 저맥락
성별 코드		남성 / 여성
성향 코드		내향형 / 외향형, 개인주의형 / 관계 지향형, 모험 추구형 / 안정 추구형
대화 스타일 코드		직설 화법 / 간접 화법
가치관 코드 (대화에 연관된)		업무 중심형 / 관계 중심형, 수직적 / 수평적

언어와 준언어, 비언어의 영역은 상대와 무관하게 기본적으로 커뮤니케이션 능력을 키우는 데 필요한 역량에 속한다. 전달하고자 하는 내용에 따라 말의 내용은 물론 구성과 빠르기, 음색, 보디랭귀지 전략까지 달라진다. 항목이 많아 어려워 보이지만 하루 몇 분만이라도 투자해 연습한다면 그리 어렵지 않게 익힐 수 있는 기술들이다.

상대의 성별과 성향, 대화 스타일, 가치관 등은 대화를 주고받으며 파악해야 할 중요한 '코드값'이다. 지금은 나열된 항목이 많아 앞으로의 배움이 멀고 험난해 보이지만, 단언하건대 결코 어렵지 않다. 배움에 대한, 그리고 성장에 대한 의지 하나만 있으면 충분하다. 스피치 코드는 누구라도 쉽게 익힐 수 있고 그 이후에는 자연스럽게 구사하여 대화를 능숙하게 주도해 나갈 수 있다. 지금의 자기 모습에 자신이 없더라도 괜찮다. 본격적인 배움을 앞둔 지금은 이 책을 통해 변화될 자신의 모습을 구체적으로 그려보는 것만으로 충분하다.

커뮤니케이션 코드 :
언어와 준언어, 비언어라는 무기

🎙 7%의 내용을 제대로 전하는 데 필요한 93%의 비밀

미국 UCLA 명예교수이자 심리학자인 앨버트 메라비언(Albert Mehrabian) 은 1981년의 저서『침묵의 메시지(Silent Messages)』에서 의사소통에 관한 두 가지 실험 결과를 소개했다.

첫 번째는 말의 의미와 음색의 중요성에 대한 실험이었고, 두 번째는 음 색과 표정 같은 비언어적 요소의 중요성에 대한 조사였다. 그 결과, 말 자 체의 의미보다는 음색이라든가 표정 등이 훨씬 중요함을 알게 되었다. 예 를 들면 말의 내용이 상대에 대한 호감을 표현한다고 할지라도 목소리가 가라앉아 있다거나 상대의 눈을 피한다거나 불안 혹은 불쾌한 표정을 보 인다면 호감이 상대방에게 전달되지 않는다는 것이다.

결과적으로 의사소통에 있어 언어적 요소의 중요도는 정작 7%에 불과 했다. 오히려 청각적 요소(준언어)가 38%, 시각적 요소(비언어)가 절반 이상인 55%의 중요도를 보이는 것으로 나타났다. 이렇게 나온 7:38:55 비율을 메라비언 법칙이라 부른다.

연구 결과만 놓고 보면 의아할 것이다. 아니, 말에서 내용의 비중이 7% 밖에 안 된다고? 말의 내용이 중요하지 않은 게 아니다. 나머지 요소가 갖춰져야 말의 내용이 들리기 시작한다는 뜻이다. 우리는 시각적인 정보, 즉 보디랭귀지가 말의 내용과 일치하지 않으면 나머지 45%가 무엇인지 확인하려 들지 않는다. 설사 끝까지 말을 듣는다 하더라도 말하는 방식(38%에 해당하는 준언어)에서 흥미를 유발하지 못하면 정작 핵심인 말(7%)을 받아들이거나 이해하지 못한다. 다시 말해 말(7%)을 통해 듣는 이의 변화(설득, 이해, 행동 촉구 등)를 끌어내기 위해서는 내용에 적합한 준언어(38%)와 적절한 보디랭귀지(55%)가 필요하다는 뜻이다.

이를테면 이런 경우다. 팔짱 낀 자세로 고개를 살짝 숙이고 상대를 노려보면서 말한다면 내용이 아무리 재밌다 해도 상대가 웃을 수 있겠는가? 다리를 꼬고 뒤로 기댄 거만한 자세로 상대에게 위로의 말을 전한다면 어떨까? 말의 내용이 아무리 따뜻하다 하더라도 진심이 전달되기 어려울 것이다.

따라서 언어 내용과 준언어, 비언어를 읽어내고 또 잘 활용하는 것은 말하기 능력을 키우는 데 매우 중요하다.

🎤 한국인에게 2배 더 중요한 준언어와 비언어 코드

피터 드러커는 "커뮤니케이션에서 가장 중요한 것은 상대방이 입으로 말하지 않은 것을 듣는 것이다"라고 했다.

특히 고맥락 문화권에서는 말하지 않은 것을 듣는 능력이 상당히 중요하다. '찰떡같이' 알아듣지 못하는 사람을 눈치 없다고 평가하는 이들이 많기 때문이다. 말하지 않아도 아는 능력은 한국 사회와 같은 고맥락 문화권에서는 필수 생존 스킬이라고 할 수 있다.

하지만 의아하다. 말하지 않은 말을 어떻게 들으라는 말인가. 힌트는 준언어와 비언어에 숨어 있다. 준언어는 '패럴랭귀지(Paralanguage)'라고 해서 사전적 의미로는 비언어의 영역까지 포함하는 개념이지만 이 책에서는 체계적인 설명을 위해 준언어의 의미를 말의 음색과 템포 등으로 국한하고, 표정과 몸짓을 비언어라 칭하기로 한다.

준언어와 비언어를 모를 때는 들리는 말만 들으면 된다고 생각하기 쉽다. 하지만 말을 듣기 전에 상대가 내는 헛기침 소리를 캐치하고, 상대가 눈썹 사이를 찡그리는 모습에 주목해야 한다. 그러지 않으면 그가 입으로 말하는 "괜찮다"는 소리만 듣고 그가 정말 괜찮다고 생각하는 실수를 범하게 되기 때문이다. 그가 힌트로 내놓은 헛기침 소리와 찡그린 눈썹을 근거로 '그가 괜찮지 않다'라는 판단을 내릴 수 있어야 한다. 이것이야말로 벽 같은 사람을 뚫고 그 마음을 들여다보는 첫걸음이기 때문이다.

언어와 준언어, 비언어를 종합적으로 분석한 결과를 바탕으로 상대방에게 적절한 반응을 해주는 것이 처음에는 어렵고 불편하게 느껴질지 모른다. 하지만 상대방 역시 내가 의미를 담은 준언어와 비언어를 해석하며 내게 반응해주고 있다. 서로가 말하지 않은 것을 알아채주는 것, 이것은 대화하며 살아가는 인간이 갖춰야 할 기본 소통 능력이라는 점을 기억하자.

🎙 언어 코드는 상대의 말끝에 숨어 있다

그렇다면 언어 코드는 중요하지 않은 걸까? 그렇지 않다. 그래서 언어 코드를 읽는 데 유용한 개념을 소개하고자 한다. 선호표상채널이라는 것인데, 사람마다 선호하는 감각기관이 다르다는 데 착안하여 유형을 구분한 것이다. 선호표상채널에 따라 사람은 시각형, 청각형, 체감각형, 지각형으로 나눌 수 있다. 일반적으로 남성은 시각이 더 민감하고 여성은 청각이 더 민감하다는 말을 하는데 이것과 관련지어 생각하면 이해가 쉬울 것이다.

각 유형을 살펴보면 다음과 같다.

① 시각형

매장을 찾은 손님이 "한번 둘러보러 왔어요"라고 한다면 표상채널 중 시각을 선호하는 사람일 확률이 높다. '보다'라는 시각적인 표현을 놓치지 말자. 이들은 대화할 때 주로 눈동자와 손짓으로 위치를 찾아가며 말한다. 시각 표현을 많이 쓰고 시각적으로 만족감을 주면 이들과 쉽게 가까워질 수 있다.

특성	• 시각적인 이미지로 대상을 기억하고 인식함 • 계획표가 없으면 쉽게 지루해함 • 상징적인 어법을 자주 구사함 • 이야기의 큰 범주만 언급하고 세세한 부분은 생략함 • 대화의 주제를 분명하게 제시함 • 회의를 짧게 끝냄
자주 쓰는 표현	• 색깔이나 모양과 관련된 단어 • 보다, 훑어보다, 지켜보다, 눈여겨보다, 보기 좋다/나쁘다, 그리다, 묘사하다, 생생하다, 인상적이다, 비슷하다, 유사하다, 닮다, 처럼, 밝히다, 명확하다, 분명하다

② 청각형

청각형 손님은 대개 "어떤 제품이 좋을지 이야기 한번 들어보려고요"라는 식으로 말한다. 청각적인 표현이다. 이들은 말하기를 좋아하는 동시에 잘 들어주는 타입이기도 하다. 이들과는 적절하게 질문과 답을 주고받으면 된다. 일방적으로 말을 빠르게 해도 잘 알아듣는 유일한 유형이기도 하다.

특성	• 한 번 들은 내용을 잘 기억함 • 종이에 적지 않고 듣기만 해도 내용을 잘 흡수함 • 길고 자세하게 설명하는 능력이 뛰어남 • 훌륭한 스토리텔러임 • 혼잣말을 자주 함 • '아', '흠', '오' 등의 감탄사를 잘 씀
자주 쓰는 표현	• 의성어와 관련된 단어 • 듣다, 경청하다, 귀 기울이다, 말하다, 언급하다, 토론하다, 지껄이다, 소리나 소음과 관련된 단어, 경쾌하다, 시끄럽다, 조용하다, 속삭이다

③ 체감각형

체감각형에 해당하는 사람은 직접적인 경험을 통해 배우고 대상을 인지하는 타입이다. "이 문제를 짚고 넘어가자"는 식으로 신체 감각에 해당하는 표현이나 기분, 느낌과 관련된 표현을 자주 쓴다. 대형 마트의 시식 코너라든지, 자동차 시승 코너 등은 이 유형을 위한 프로모션이라고 볼 수 있다. 청각형과 달리 이들에게는 말을 다소 천천히 할 필요가 있다. 몸으로 체감하기 전에는 정보를 받아들이는 데 다소 시간이 걸리기 때문이다.

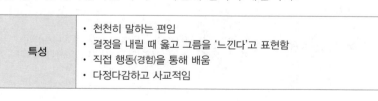

특성	• 천천히 말하는 편임 • 결정을 내릴 때 옳고 그름을 '느낀다'고 표현함 • 직접 행동(경험)을 통해 배움 • 다정다감하고 사교적임

자주 쓰는 표현	• 기분/느낌과 관련된 단어: 기분 좋다/나쁘다, 느끼다
	• 동작과 관련된 단어: 안다, 쥐다, 흔들다, 잡다, 치다
	• 감촉과 관련된 단어: 부드럽다, 거칠다, 까칠하다, 차갑다
	• 관계나 연결과 관련된 단어: 첫사랑과 이어지다, 어울려 지내다, 꾸준히 접하고 있다

④ 지각형

지각형에 해당하는 사람들은 사고 작용에 관한 표현을 많이 쓴다. "생각 좀 해볼게요", "고민이 되네요"라는 식이다. 이들은 감정적인 표현에 서툰 대신 논리적이고 분석적인 대화에 능하다. 소비할 때도 다양한 제품을 꼼꼼히 비교, 분석한 다음 구매하기 때문에 충동구매를 안 하는 유형이기도 하다. 이들에게 영업할 땐 절대 강요해서는 안 된다. 제품의 장점을 충분히 설명한 다음 선택권을 넘겨주자.

특성	• 순서와 단계를 정해서 내용을 기억하고 인식함
	• 체계적이고 논리적으로 묻고 생각하기를 좋아함
	• 자신을 둘러싼 세계에 대해 더 잘 알고 이해하려는 욕구가 강함
	• 감정을 배제한 무미건조한 언어를 주로 사용함
	• 분명한 주제를 제시하며 대화를 이어나감
자주 쓰는 표현	• 사고 기능과 관련된 단어: 생각하다, 숙고하다, 인식하다, 순리에 맞다, 조리 있다, 이해하다, 논리적, 객관적, 합리적
	• 추론이나 과정에 관련된 단어: 순서, 절차, 발단, 처음/마지막, 첫째/둘째, 그러므로, 결과적으로, 최종적으로
	• 자료와 관련된 단어: 데이터, 정보, 수집, 의미, 분류, 분석, ~에 따르면

이처럼 언어 코드의 힌트는 상대의 말끝에 숨어 있는 경우가 많다. 각 유형이 자주 쓰는 표현을 기억해서 그들이 선호하는 단어를 선택하자. 일상 대화에서는 공감대를 형성하고 대중 앞에서는 분위기를 주도하는 사람으로 기억될 것이다.

상황 코드 :
'No'가 'No'가 아닐 수도 있는 한국 사회

🎙️ 고맥락 문화와 저맥락 문화의 차이

"계약 기간 중 1년에 집 한 채씩을 지어 주십시오."

1996년 독일의 축구선수 주세페 레이나가 아르미니아 빌레펠트와 계약할 당시 제시한 요구사항이다. 놀랍게도 클럽 측은 그의 요구를 수락했고, 계약은 성사되었다.

그런데 정말로 계약 기간 중 매해 집을 지어줬던 것일까? 실제 클럽은 선수에게 매년 집 한 채씩, 무려 세 채의 집을 선물했다. 다만, 그 집은 레고로 지어진 장난감 집이었다.

그럼에도 불구하고 주세페 레이나 선수는 어떠한 항의도 할 수 없었다. 계약서 내용에 어떤 크기, 어떤 소재의 집이어야 한다는 명시가 전혀 없었기 때문이다.

한국이었다면 아마 선수가 구단 측에 계약 위반으로 소송까지 걸었을 상황이다. 아니, 애초에 계약 자체가 성립되지도 않았을지 모른다. 애초에 이런 상황이 벌어질 수 있었던 건 커뮤니케이션 방식에 차이가 있었기 때문이다. 계약은 약속인 동시에 일종의 커뮤니케이션에 속하기도 한다.

"김 대리, 요새 얼굴 좋아 보이네?"

김 대리가 제출했던 제안서 검토를 막 끝낸 상사가 내뱉은 이 말의 속뜻은 무엇일까? 정말로 얼굴이 좋아 보여서? 그 비결이 궁금해서? 그런 뜻이 아님은 아마 전후 맥락만으로도 누구나 쉽게 알아차릴 것이다. 직장에서 "이것만 끝내고 퇴근하게"란 말은 오늘 야근하란 소리다. "참신한 의견이긴 한데…"는 토 달지 말고 지시에 따르라는 뜻으로 해석해도 무방하다. '얼굴 좋아 보인다'라는 말은 '일은 이렇게 엉망으로 하면서 정작 본인은 마음 편한가 봐?'라는 뜻으로 하는 비아냥이다.

'잘한다'라는 말 또한 우리나라에서는 크게 두 가지 의미로 쓰인다. 정말로 일을 잘해서 하는 칭찬으로도 쓰지만, 잘못을 저지른 손아랫사람을 나무라기 위해 반어법으로도 쓴다. 이 역시 대화의 맥락에 따라 진짜 의미를 파악해야 한다.

이렇게 말의 겉(표면적인 내용)과 속(실제 의미)이 다른 대화는 한국 사회와 같은 고맥락(High Context) 문화의 특징이다. 반대로 위 독일 축구선수의 경우처럼 시트콤 같은 상황은 저맥락 문화(Low Context)에서나 일어날 법한 일이다. 실제 저맥락 문화권에서 쓰는 계약서가 훨씬 더 길고 장황할 수밖에 없는 이유이기도 하다.

의사소통에 있어 고맥락·저맥락 문화라는 개념은 미국의 인류학자 에드워드 홀이 처음 제시한 것으로 대화와 글로 표현하는 방식의 차이를 잘 보여준다.

우리나라에서 '아닙니다, 괜찮습니다'는 의례적인 사양인 경우가 많으며, '언제 식사 한번 하시죠?'는 단지 인사에 불과하다. 하지만 주로 직설적인 표현을 하는 저맥락 문화에서 '아니오'는 표면 그대로 거절을 의미한다. 또, 식사 한번 하자는 말에 저맥락 문화에서는 언제가 좋은지 구체적인 약속을 잡으려 들 것이다. 요리할 때 '후추 조금, 소금 적당히'라는 한국식 표현에 대해 저맥락 문화권에서 온 사람은 아마 이렇게 되물을 것이다.

"그래서, 각각 몇 그램씩 넣을까요?"

▼ 저맥락 문화와 고맥락 문화의 대화 특징*

저맥락 문화의 대화 특징	고맥락 문화의 대화 특징
말의 내용과 자세, 표정을 통해 의미 파악	말의 내용뿐 아니라 전반적인 대화 내용(맥락), 표정, 뉘앙스, 자세, 말하는 장소, 복장, 행동, 관계 등을 종합적으로 고려하여 의미 파악
• 개인주의 문화의 전형적인 커뮤니케이션 방법 • 구체적인 말과 글로 본래 뜻을 직설적으로 전달 • 커뮤니케이션 내용과 구성이 체계적이고 명시적 • 당연하다고 여겨지는 내용까지 모두 명시(세세한 부분까지 모두 명시한 장문의 계약서) • 평균적으로 더 긴 대화 시간(고맥락 문화권의 약 2배)	• 주로 동양 문화권의 커뮤니케이션 방법 • 의미 해석의 높은 가변성: 대화의 맥락과 상황에 따라 의미가 달라짐 • 불분명한 내용: 모호하고 우회적 표현, 의례적인 말 등으로 인해 말의 본뜻을 미루어 짐작해야 함 • 저맥락 문화의 직설적인 표현에 대해 무례하다고 여기거나 당황할 수 있음 • 직접적인 소통이 필요한 토론에서 소극적인 반응을 보임

*김숙현 외 저, 『한국인과 문화 간 커뮤니케이션』, 커뮤니케이션북스, 2006.

고맥락 문화에서 단순히 말의 표면적인 의미만 읽어서는 눈치 없단 소리를 듣기 일쑤다. 말의 표면적인 내용으로부터 숨겨진 진의를 유추하는 단계가 중요하다는 뜻이다. 그러기 위해서는 대화의 맥락과 상황을 읽는 동시에 상대의 표정과 말의 어조, 자세, 행동까지도 종합적으로 파악할 수 있어야 한다.

옛 속담에 '눈치 빠른 사람은 절에 가도 새우젓을 얻어먹는다'라고 했다. '아닙니다'가 정말로 '아닙니다'가 아님을 아는 사람이 곧 눈치 빠른 사람이다. 절에서 새우젓을 얻어먹을 정도가 되려면 대화의 맥락과 상대의 표정을 읽을 줄 알아야 한다. 얼굴에만 표정이 있는 게 아니다. 말에도 표정이 있다.

고맥락 문화에서 더 중요한 말의 표정

말의 속뜻을 파악하려면 맥락과 함께 상대방이 하는 말의 표정을 살펴야 한다. 말의 표정은 빠르기, 높낮이, 세기, 음색 등 다채로운 형태로 드러난다. 한껏 격앙된 어조로 말하는 "뭐?"에는 '뜻하지 않은 기쁨' 혹은 '참기 어려운 분노' 등의 감정이 응축되어 있다. "네…" 하고 말끝을 흐리며 뭔가 석연치 않거나 의구심이 드는 속내를 에둘러 표현하기도 한다.

문장 그 자체만으로는 진짜 의도가 무엇인지, 속마음이 어떤지를 정확히 판단할 수 없는 고맥락 문화권에서 말의 표정은 더더욱 중요한 정보가된다. 그래서 뉘앙스를 제대로 표현하기 어려운 문자 메시지를 쓸 때 흔히 감정을 나타내는 표정 이모티콘을 덧붙이기도 한다. 심지어 이 이모티콘마저 동양과 서양의 표현법이 다르다. 동양에서는 대체로 눈을 강조하는 반면 서양에서는 입을 강조한다.

동양의 표정 이모티콘	서양의 표정 이모티콘
^^ T T ;;	:) ;) :(
눈 모양을 강조	입 모양을 강조

입 모양이 강조된 이모티콘은 직설적인 표현을 주로 하는 서양의 저맥락 문화를 대변한다. 동양에서 쓰는 이모티콘에서 입은 거의 표현되지 않거나 그다지 중요한 정보가 아니며, 대부분 눈에 중요한 정보를 담는다.

직설적인 표현(입으로 하는 말)을 자제하고 눈빛으로 에둘러 표현하거나 상징적이고 은유적인 표현을 주로 쓰는 문화가 이모티콘 표현에도 드러난다.

가면에 가려진 진심을 보여주는 '스피치 코드'

사회 구성원으로서 원만한 대인관계를 유지하게 하는 페르소나(가면, 외적 인격)는 종종 속내를 더 깊이 감춘다. 페르소나는 불편한 상황에서도 웃음을 짓게 만들고, 반대되는 의견 앞에서도 고개를 끄덕이게 만든다. 고맥락 사회를 살아가는 이들의 페르소나는 크고, 두껍다.

하지만 아무리 크고 두꺼운 가면을 썼더라도 진짜 얼굴은 일부 드러나게 되어 있다. 그 드러난 일부를 단서 삼아 말하는 상대의 진심을 읽어낼

---

* 김유래·전수진, 「동서양 문화권에 따른 이미지, 애니메이션 이모티콘 사용 양상 차이점 연구」, 《Journal of Integrated Design Research》, 인제대학교디자인연구소, 2018.
위키백과, 「이모티콘」, Retrieved October 1, 2019(https://ko.wikipedia.org/wiki/%EC%9D%B4%EB%AA%A8%ED%8B%B0%EC%BD%98).

수 있다. 이를 프로파일링*이라고 하며, 이 책에서는 프로파일링에 필요한 여러 단서를 '코드'라 부르기로 한다.

상대의 말 속에 숨은 코드를 읽을 수 있다면

상대의 유형을 파악하여
그가 원하는 방식의 대화의 패턴에 맞춤으로써
대화의 목적을 달성할 수 있다.

상대를 설득한다든지, 메시지를 오해나 누락 없이 효과적으로 전달한다든지, 친밀도나 신뢰도를 높인다든지 하는 여러 가지 목적 말이다.

이는 대화에 있어 개인마다 구분되는 일정한 패턴이 있음을 전제로 한다. 그리고 그 패턴은 훈련을 통해 읽어낼 수 있다. 파악된 상대의 패턴에 따라 대화를 이끌어 간다면 누구를 대상으로 하든 빠른 시간 안에 친밀감을 높이고, 신뢰를 얻을 수 있다.

가장 넓은 범위의 코드에 속하는 고맥락·저맥락 문화의 차이를 살펴봤으니 본격적으로 성별, 표현 방식, 대화 패턴 등 점차 세부적인 단계로 접근하여 스피치 코드를 구분해 보도록 하겠다.

---

*자료수집이라는 의미로, 주로 범죄유형분석법을 뜻하는 수사 용어로 알려져 있다. 본 책에서는 대화에 방점을 두고 상대의 성격 유형과 말의 실제 의미 등을 찾는 방법으로 해석하기로 한다.

성별 코드 :
남자와 여자의 대화는
어떻게 다른가

🎙 체계화의 뇌, 공감의 뇌

퇴근 후 남자 친구 정호 씨를 만난 미연 씨는 오늘따라 표정이 어둡다.

정호 씨는 눈치 빠르게 질문한다.

"회사에서 무슨 일 있었어?"

"나 김 과장 때문에 힘들어서 회사 못 다니겠어."

미연 씨는 최근에 새로 시작한 프로젝트로 상사와의 갈등이 심하다고 한다. 애초에 그 프로젝트에 대해 우려했던 정호 씨가 말을 거든다.

"거봐, 내가 말했잖아. 그 일은 애초에 성사되기 어렵다니까? 팀원들만 죽어난다고. 딱 내가 말한 대로 되고 있지? 앞으로 과장하고 점점 더 자주 부딪힐걸? 지금이라도 방향 틀자고 설득해봐."

남자 친구 입장에서는 도움이 되라고 한 얘기이지만 어쩐지 미연 씨의 표정은 더 어둡기만 하다. 한동안 정호 씨의 잔소리를 듣기만 하던 미연 씨는 갑자기 가방을 들고 일어난다.

"오늘은 그만 들어가 봐야겠어."

아직도 분위기 파악을 못 하는 정호 씨. 이유를 묻지만, 미연 씨는 그냥 피곤해서 그렇다고만 할 뿐이다.

남자인 정호 씨는 여자 친구의 고민을 듣고 자꾸만 해결하려 든다. 이게 문제고 저게 문제니까 이렇게 저렇게 해결하면 되겠다는 식이다. 하지만 그게 과연 여자 친구가 원하는 답일까? 애초에 스트레스 받는 회사 일을, 잘 알지도 못하는 남자 친구에게 꺼낸 이유가 무엇이겠는가?

정호 씨가 유달리 연애에 서툰 사람일 수도 있지만 아마 많은 남자들이 이런 태도를 취할 것이다. 이는 근본적으로 남성과 여성의 뇌가 다르기 때문이다.

▼ 성별에 따른 EQ 공감지수와 SQ 체계화지수 차이*

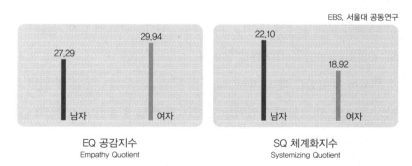

EBS, 서울대 공동연구

EQ 공감지수
Empathy Quotient

SQ 체계화지수
Systemizing Quotient

---

*EBS 〈다큐프라임〉 아이들의 사생활 1부 '남과 여'.

공감지수인 EQ와 체계화지수인 SQ 수치가 성별에 따라 차이가 있음을 밝혀낸 EBS와 서울대의 공동연구 결과다. 공감지수는 상대적으로 여자가 높은 점수를 기록하고 있다. 반면 체계화지수는 남성이 더 높다. 즉, 대화를 할 때 남성들은 대개 문제의 해결책을 찾고, 빠르게 결론짓고 싶어 하는 반면, 여성은 해결 이전에 감정적인 교류와 공감을 바란다.

체계화의 뇌와 공감의 뇌는 상호 배타적인 측면이 있다. 체계화의 뇌가 극도로 발달하면 공감 능력은 다소 떨어질 수 있다는 뜻이다. 이에 대한 극단적인 사례로 자폐증을 들 수 있다. 영국 자폐증연구센터의 사이먼 배런코언(Simon Baron-Cohen)은 자폐증을 '공감 능력이 부족하고 체계화 능력만 발달한 증상'이라 본다. 실제 자폐증의 남녀 성비도 4:1로 남자의 비율이 통계적으로 더 높게 나타난다.

앞 사례에서도 정호 씨는 미연 씨의 회사 일을 듣고 섣부르게 해결책을 제시하려 든다. 이 문제(프로젝트, 과장과의 관계)를 빨리 해결하고 싶어 하고 또 그것이 여자 친구를 위하는 일이라 판단하기 때문이다. 다만 미연 씨가 회사 일을 화제로 삼은 이유가 문제를 해결해달라는 뜻이 아니라는 점에서 대화의 트러블이 발생한다. 미연 씨는 단지, '그래서 많이 힘들겠구나' 하는 위로와 공감을 기대했을 뿐이다.

문제에 부딪혔을 때 남자는 '해결'을 원하고, 여자는 '공감'을 원한다. 이 사실 하나만 잘 기억하고 있어도 연애는 한결 쉽게 풀린다. 이때 여자가 문제 해결에 전혀 관심이 없다는 뜻이 아니다. 공감을 원한다는 말은 상황에 따라 이 문제를 함께 해결할 사람이 누가 있는지를 먼저 찾는다는 뜻으로도 해석할 수 있다. 관계 지향적이라는 뜻이기도 하다. 해결 중심적 태도는 종종 성급함으로 드러나곤 한다. 두 스타일의 차이가 반드시 모든 남자와 여자에 해당하지도 않고, 어느 한쪽이 더 우월한 것도 아니다. 개인의 역량과 경험 그리고 상황에 따라 다르다.

🎙️ 남성과 여성의 뇌 발달 차이와 대화 방식의 장단점

	남성	여성
뇌 발달 특징	체계화의 뇌	공감의 뇌
	수학, 언어, 계획, 분석, 추리, 기억, 정보, 훈련, 판단 영역이 발달	생각, 상상, 색상, 음악, 그림, 감상, 공간, 감각, 감정, 육감이 발달
	분석적, 논리적	감성적, 직감적
장점	• 이성적이고 논리적인 접근을 선호 • 문제 해결을 위한 방법을 신속히 찾음	• 감성적이고 공감을 원함 • 정서적 표현에 능숙함
단점	• 동시에 말과 감정을 활용하기가 어려움	• 감정의 영향으로 냉철한 판단이 어려울 수 있음

이성의 이러한 특성을 잘 이해하는 것만으로도 대화는 한결 부드러워진다. 남성들은 여성의 말에 감정 표현을 더 적극적으로 할 필요가 있고, 여성들은 남성과 대화할 때 결론 위주로 먼저 이야기를 시작한다면 대화의 목적을 더욱 수월하게 달성할 수 있다.

다만 일반적으로 남성들에게 감정 표현은 다소 어려운 과제에 속한다. 평소 감정을 겉으로 잘 드러내지 않기 때문인데, 사회적인 분위기 또한 이를 강요한다. 감정 표현에 서툴다는 건 동시에 타인의 기분을 읽어내는 능력 또한 상대적으로 부족하다는 뜻이기도 하다. 그래서 주로 남성들의 대화는 업무 영역에 국한되어 있다.

'저는 남자이긴 하지만 말이 많아요' 하는 분들도 대부분은 사무적 언어에 치중되어 있으며 일상 대화는 약한 경우가 많다.

대상이나 상황에 대해 감정 표현을 풍부하게 하는 쪽은 아무래도 여성이다. 하루 동안 사용하는 어휘량 면에서 남성에 비해 압도적인 차이를 보이는데 이는 여성호르몬인 에스트로겐이 바로 언어 능력에 관여하기 때문이기도 하다. 남자와 여자는 태생적으로, 또 사회 분위기상 감정 표현의 빈도와 양과 질에서 차이를 보일 수밖에 없다.

🎙️ 상대가 남자일 때와 여자일 때, 어떻게 말하면 좋을까?

① 대화 상대가 남자일 때: 동사를 중심으로

남자들은 주로 문제 해결 중심적인 성향을 보인다. 따라서 이들에게 정보를 전달할 때에는 동사, 즉 '무엇을 하는가'에 무게를 두는 것이 좋다. 남자들은 메시지가 분명할 수록 체계적이라고 느낀다.

> "오늘 워크숍 일정 안내해 드리겠습니다. 우리는 약 10분 후 주왕산에 도착하게 됩니다. 하차 후 주차장에서 바로 간단한 인원 점검을 마치고, 5시까지 산행을 할 예정입니다. 하산 후에는 일정표에 안내된 식당에서 7시까지 여유롭게 식사를 하시고, 저녁 일정 전까지 자유시간을 가지시면 됩니다. 이후 프로그램은 각 팀 조장님들께서 개별적으로 안내해 주실 예정입니다. 시간 엄수하시고 즐거운 산행 되십시오."

② 대화 상대가 여자일 때: 형용사를 중심으로

반면 여자가 많은 단체에서 ①과 같은 식으로 안내를 하면 환호는커녕 딱딱하고 재미없다는 반응만 듣기 일쑤다. 여자가 많은 집단에 정보를 전달할 때에는 그들을 위하는 마음이 충분히 전달되어야 한다. 이때 필요한 것이 형용사다. 청중의 머릿속에 그림이 그려지면서 '나를 위해서 기획된 프로그램이다'는 느낌을 줄 수 있어야 한다.

"여러분, 먼 길 버스에 갇혀서 오시느라 엉덩이에 슬슬 쥐가 내리시죠? 잠시 후 도착하실 곳은 우리나라에서 엉치뼈 정도에 해당하는 주왕산입니다. 벌써 저 멀리 보이는 화려한 단풍들에 시선이 가 있는 분들이 많으시네요. 근데, 저는 오늘 왠지 단풍들이 제빛을 못 발하는 듯 느껴집니다. 아마 여러분의 미모가 월등해서 제 눈이 여러분한테 가 있기 때문 아닌가 싶습니다. 1박 2일 워크숍 이제 본격적으로 시작할 텐데 여러분 표정을 보니 아직은 근심, 걱정, 스트레스가 잔뜩 쌓여 있는 것 같습니다. 제가 주왕산 정상까지 회사에서 받았던 스트레스 가뿐히 지르밟고 가시라고 갓 수확한 햇단풍으로 레드 카펫 쫙 깔아놨습니다. 내려오실 때는 가지고 오셨던 스트레스 다 내려놓으시고, 허기진 배와 허전한 옆구리만 잘 챙겨 오시면 되겠습니다. 그러면 5시부터는 제가 여러분의 배와 옆구리를 채워줄 파전에 동동주 직접 차려놓고 기다리겠습니다. 그리고 여러분의 핫한 스토리도 기대하겠습니다."

성향 코드 :
맞춤형 대화의 달인이 되어야 하는 이유

🎙 내향적인 사람과 외향적인 사람

개인의 성격 구분에 있어 가장 큰 범주는 내향과 외향이다. 사회에서 누구는 다양한 사람들을 만나며 왕성한 활동을 하는가 하면 또 누구는 혼자 조용히 시간을 보내길 선호한다. 사람이 북적이는 곳에서 에너지를 얻는 이가 있는가 하면 오히려 기운이 빼앗기는 사람도 있다. 후자는 주로 혼자 시간을 보내며 에너지를 비축한다. 외향적인 사람이라면 오히려 외로움과 고립감을 느끼겠지만.

성격 유형을 진단하는 MBTI 검사에서는 내향과 외향의 구분이 의미 없다고 보기도 한다. 누구나 두 가지 측면을 다 가지고 있으며, 필요에 따라 얼마든지 평소와 다른 반대 성향을 보이기도 한다는 것이다. 실제 강사 모임에 가보면 사석에서는 말 한마디 없이 극도로 내향적이지만 강단에만 서면 전혀 다른 사람이 되는 분들도 많이 본다.

다만 두 기질을 다 가지고 있다 하더라도 어느 한쪽을 더 선호하는 차이는 분명 있다. 내향적인 사람은 집중력이 대단히 높아서 에너지를 한곳으로 모아서 쓰는 사람들이다. 이들은 대인관계에서도 주변 몇몇 사람들에게만 관심과 에너지를 쏟는다.

외향적인 사람의 에너지는 넓게 퍼지는 경향을 보인다. 이들은 빠르게 자신의 활동 영역을 확장시키며, 여러 사람과 두루두루 관계를 맺는다. 굳이 비교하자면 내향적인 사람에 비해 한 사람에게 쏟는 에너지는 적을지 모르나 수많은 관계의 고리를 생성할 수 있는 능력이 있다.

내향과 외향의 성격을 구분하기란 그리 어렵지 않다. 표정에서 먼저 드러나는데, 사람이 모인 자리에서 내향적인 성격의 사람들은 대체로 긴장하거나 굳은 표정을 보인다. 이들은 소수의 사람하고만 깊이 있는 대화를 나누려 할 것이고, 모임 자리가 오래 지속할수록 쉽게 피로감을 느낀다.

외향적인 성격의 사람이라면 모임 자리가 다소 시끌벅적해야 더 에너지를 얻어 밝고 활기찬 모습을 띤다. 이들은 여러 사람과 짧지만 다양한 정보를 주고받으며 교류한다.

① 내향적인 사람과의 대화법

내향적인 사람은 한 가지 생각을 길게 한다. 주로 자기 자신에게 집중하기 때문에 동기 역시 자기 내면에서 찾는다. 이들과 대화할 때는 차분하게 여유를 가져야 한다. 억지스럽고 과도한 반응보다는 이들의 대화 내용 자체에 귀 기울이며 관심을 보이고, 적절히 질문한다면 친밀감을 형성할 수 있다. 이들은 지나치게 사적인 대화보다는 업무적인, 본론 위주의 대화를 깊이 있게 나누길 원한다.

모임은 이들의 에너지를 빼앗는다. 그래서 목적이 분명할수록 좋고, 억지로 주목받게 하기보다는 간단한 소개 정도만 하고 꼭 필요한 사람하고만 연결해주는 것이 좋다.

② 외향적인 사람과의 대화법

외향적인 사람은 새로운 환경이나 타인에게 큰 흥미를 느낀다.

경계심을 풀고 밝은 표정으로 환대한다면 쉽게 가까워질 수 있다. 다양한 주제를 놓고 대화가 자연스럽게 이어지기만 한다면 문제가 없다. 여러 사람과 교류할 수 있는 자리라면 어떠한 성격의 모임에서라도 긍정적인 평가를 받을 수 있다. 모임 또한 이들에게는 에너지를 충전하는 자리다.

🎙 개인주의형의 사람과 관계 지향형의 사람

고맥락·저맥락 문화를 기준으로 구분하자면, 고맥락 문화에는 아무래도 상호 간의 관계에 더 신경을 쓰는 이가 많고 저맥락 문화에는 개인주의형이 많다. 단적인 예로 우리나라에서는 연예인들이 도박이나 마약을 해도 시간이 지나면 다시 방송 활동을 하는 경우가 많은 것을 들 수 있다. '사람이 실수할 수도 있지' 하는 대중들의 관대함 덕분이다. 엄연한 범죄 행위지만 개인의 실수 정도로 여기고 만회할 기회를 주는 것이다. 물론 개인차는 있겠지만 말이다.

그러나 불륜의 경우는 다르다. 방송 복귀는커녕 '불륜'이 평생 꼬리표처럼 따라다닌다. 범죄도 아니고 지극히 개인적인 일임에도 불구하고 말이다. 우리나라는 연예인의 범죄(도박, 마약)는 용서해도 관계에 있어 믿음을 저버리는 행위에는 굉장히 엄한 태도를 보인다.

그 와중에 개인주의형은 연예인들의 불륜 기사 따위에 별 관심이 없다. 개인의 정체성을 더 중요시하기 때문이다. 이들은 내가 있어야 가족은 물론 조직, 국가도 존재한다고 믿는다. 이들의 정체성은 곧 자신의 선택과 성취와도 이어져 있으며 스스로 주도적으로 행동한다.

반대로 관계 지향형은 개인보다는 자신이 속한 조직의 조화와 협력을 더 중요시하는 경향이 있다. 우리나라의 경우 점차 독립적 성향으로 가고 있으나 전통적으로는 관계를 중시하는 성향을 보인다. 이들은 개인의 정체성을 자신이 속한 조직과 연계해 생각한다. 자신이 속한 조직에 대해 강한 의무감을 가지고 헌신하는 이들의 성향이 과거 '한강의 기적'을 만들었다고 볼 수 있다.

조직에서 이 두 성향이 함께 뭔가 중요한 판단을 해야 하는 상황이라면 서로의 시각차를 이해하고 편견을 줄이려는 노력이 우선시되어야 한다. 이를테면 개인주의형은 본인 업무를 완벽하게 마무리하는 것에만 관심이 있고 그것으로 책임을 다한 것으로 여긴다. 하지만 관계 지향형은 개인보다 팀 전체의 관점에서 업무 성과를 평가한다. 정시 퇴근이 전자에게는 당연한 일이지만 후자에게는 매우 이기적인 행동으로 보일 수 있다.

회의를 할 때도 마찬가지다. 개인주의형은 개인의 역할이 더 중요하다 여길 것이고, 관계 지향형은 역할의 구분보다 구성원의 협업에 비중을 둘 것이다.

▼ 업무를 대하는 관점

개인주의형	관계 지향형
"내 역할은 이것이다." "나만 잘하면 된다."	"우리의 목표는 이것이다." "모두가 힘을 합해야 한다."

그렇다고 해서 개인주의 성향을 이기주의로 해석해서는 안 된다. 마찬가지로 관계 지향적 성향을 집단사고로 보는 시각도 잘못이다. 두 견해를 인정하고 적절한 조화를 이루려는 노력이 곧 건강한 공동체주의를 만들어가는 방법이다.

① 개인주의형과의 대화법

이들에게 먼저 다가가 인사를 나누면 호감을 얻을 수 있다. 다만 지나친 겸손은 자신감 부족으로 보일 수 있으므로 서로 동등한 입장이라는 전제하에 대화를 나눈다.

일대일로 명확하게 업무를 지시하고 평가 또한 개인의 관점에서 이뤄져야 한다. 의사 결정은 공정하게 이뤄지며, 회의 시간은 핵심만 간추려 효율적으로 진행되면 좋다.

② 관계 지향형과의 대화법

어떻게 만났고, 어떠한 관계에 있느냐에 따라 친밀도에 차이가 생긴다. 따라서 그들의 테두리 바깥에 있는 외부인에게는 다소 차갑다는 인상을 줄 수도 있다. 개인의 성과나 주장만을 내세우기보다는 함께 의견을 충분히 나누면서 합일된 결론에 도달하는 방향으로 대화의 흐름을 이어가야 한다. 업무로 만났다 하더라도 개인적인 문제에도 관심을 가지면 차츰 친분을 쌓을 수 있다.

🎤 모험을 추구하는 사람과 안정을 추구하는 사람

모험 추구형의 사고방식은 매우 유연하다. 사고의 유연성 덕에 변화를 쉽게 받아들이고, 미래에 대한 불확실성마저도 당연히 감수해야 할 영역이라 여긴다. 도전 여부를 신속하게 판단해 결정하며, 변화하는 환경에도 빠르게 적응하는 편이다.

반면 안정 추구형의 사람은 변화를 수용하기까지 상당한 시간이 소요된다. 애초에 변화가 왜 필요한지 먼저 이해를 해야 하며, 필요하다면 그 배경과 변수에 대해 철저히 조사한다. 스타트업보다는 시스템이 잘 갖춰진 대기업을 선호하는 편이며 일을 할 때 가장 합리적이고 효율적인 프로세스를 갖추기 위해 노력한다.

사회에서 모험 추구형은 다소 성격이 급한 것처럼 보일 수 있고 안정 추구형은 오히려 지나치게 신중한 것처럼 보일 수 있다. 그러나 업무에 있어 이러한 성격을 장점 혹은 단점으로 판단하는 것은 어리석다. 상황에 따라 다르기 때문이다. 조직에 변화가 필요한 시점이라면 모험심을 발휘해 빠른 추진력을 가져야겠으나, 안정화를 위해서는 신중하게 상황과 주어진 여건을 분석해서 체계적이고 꼼꼼하게 시스템을 구축해야 할 필요도 있다.

▼ 업무를 대하는 관점

모험 추구형	안정 추구형
• 일과 사업을 모험이자 즐길 대상으로 여김 • 다양한 변화와 확장성이 있는 일을 선호	• 내 안위를 지켜줄 수단으로 여김 • 변화가 적고 안정적인 일을 선호

① 모험 추구형과의 대화법

결론부터, 핵심만 간추려 말하는 것이 대화에 도움이 된다. 예상치 못한 변수, 시행착오도 충분히 감안하고 있기 때문에 기존의 틀에서 벗어나 새로운 형태의 접근 방식도 논의해봄직하다. 지나친 모험을 추구하는 사람들은 자기중심적이거나 때로는 무책임하게 보일 수 있으나 그들의 자유분방한 성격을 이해하고 받아들인다면 얼마든지 대화를 긍정적인 방향으로 이끌 수 있다.

② 안정 추구형과의 대화법

풍부한 자료를 근거로 사안별로 하나씩 명확하게, 차근차근 짚고 넘어가는 것이 좋다. 이들은 무리한 변화보다는 안전한 방법을 택하는 경우가 많으므로 새로운 시도를 제안하고자 한다면 충분한 근거와 절차가 필요하다. 반대되는 의견에 직접적으로 부딪치기보다는 동의와 지지를 보내는 편이 낫다. 이들을 설득하고 싶다면 더 나은 대안을 전달할 필요가 있다. 지나치게 안정 지향적인 사람은 자칫 자신감이 없어 보이거나 책임을 회피하는 것처럼 보일 수 있으나 충분한 사례와 구체적인 계획을 제시하면서 대화를 이어간다면 좋은 파트너가 될 수 있다.

대화 스타일 코드 :
뒤끝 없는 직설과
애매한 완곡어 사이

🎙 직설 화법을 쓰는 사람과 간접 화법을 쓰는 사람

대화하면서 가장 상처받거나 오해를 쌓기 쉬운 유형 차이가 바로 이 대화 코드가 아닌가 싶다. 지나치게 직설적인 대화 방식은 상대에게 상처를 주며, 또 필요 이상으로 에둘러 표현하면 오해의 소지가 생긴다.

직설 화법을 쓰는 사람은 핵심부터 단도직입적으로 말한다. 보고 듣고 느낀 바를 가감 없이, 있는 그대로 말하며 이유나 목적 또한 명확하다. 이러한 직설적인 방식이 간접적인 대화를 주로 하는 이들에게는 상처가 되기도 한다. 좋고 싫음을 너무나 분명하게 표현하기 때문이다. 그러나 그들이 직설적으로 표현하는 이유는 그것이 빠르고 효율적이라 여기기 때문이며 그들의 대화는 뒤끝 없이 그 자리에서 끝난다는 장점이 있다.

간접 화법으로 대화를 하는 이들은 핵심을 전달하기 전에 상황을 설명한다. 맥락을 먼저 이야기하고도 결론은 우회적으로, 미묘하게 표현한다.

상대와의 관계를 중시하는 유형이 주로 보이는 대화 패턴이다. 오가는 내용은 많아도 정작 의사 결정은 미뤄지거나 실행되지 않고 흐지부지되기도 한다.

① 직설 화법을 쓰는 사람과의 대화법

직설적인 소통 방식을 취하는 이들을 대할 땐 개인주의형 혹은 업무 중심형의 사람들과 대화할 때와 마찬가지로 결론부터 단도직입적으로 말하는 것이 좋다. 대화의 목적을 분명히 하고, 의사 표현이나 이유에 대해 분명하게 표현해도 괜찮다. 논쟁이 오갈 때 다소 거친 언사에도 뒤끝은 없으므로 주저하지 않아도 된다.

② 간접 화법을 쓰는 사람과의 대화법

간접적인 소통을 방식을 취하는 이들을 대할 땐 상호의존적이고 관계 지향적인 사람들과 대화할 때와 마찬가지로 말하면 된다. 대화에 시간과 여유를 두고, 그들의 미묘한 표현 방식에 숨은 의미를 파악할 수 있어야 한다. 전형적인 고맥락 문화의 대화 패턴이라 봐도 무방하다. 따라서 말의 내용 외에도 눈빛이나 목소리, 행동까지 유심히 관찰할 필요가 있다. 이를 통해 이들이 우회적인 거절이나 뭔가 다른 의견을 가지고 있음을 빨리 눈치 챌 줄 알아야 한다. 아울러 부정적인 피드백을 전달할 때에는 간접적으로 해야 한다.

가치관 코드 :
누구에게나 통하는
치트 키는 없다

🎙️ 업무 중심형의 사람과 관계 중심형의 사람

앞서 STEP 1에서 본 영업팀원 A 씨와 광고대행사 대표 B 씨의 사례는 업무 중심적 사고와 관계 중심적 사고의 차이를 단적으로 보여준다. 이 두 유형의 차이는 특히 계약의 성사 여부에 결정적인 역할을 하기도 한다. 즉, 친밀감 형성이 업무 성과에 도움을 주기도 하지만 그렇지 않은 예도 있다.

이 두 유형을 구분하기란 그리 어렵지 않다. 업무 중심형의 사람은 대체로 표정이 경직되어 있고 몸짓도 딱딱해 보이는 경우가 많다. 그리고 만나자마자 미팅의 목적을 분명히 하고 이야기를 풀어간다.

관계 중심형의 사람의 표정은 대체로 온화하고 자세 또한 편안한 이미지를 보여준다. 성급하지 않고 우회적이거나 감정에 대한 표현을 많이 쓰며 회의 전 사담으로 먼저 시작하는 편이다. 일에 관심이 없다기보다 이 일을 함께할 당신에게 관심이 더 많다고 보면 된다.

① 업무 중심형과의 대화법

업무 중심형의 사람은 표현 그대로 '일', 그중에서도 특히 성과와 결과물에 집중한다. 이들은 업무 외적인 분야나 주된 관심사가 아닌 영역에 대해서는 별로 의미를 부여하지 않거나 관심을 보이지 않는 경향이 있다. 비록 겉으로는 경청하는 듯해도 이내 대화 주제를 업무 영역으로 끌고 오려 한다. 처음 만난 사이에도 업무 얘기라면 원활하게 대화가 진행될 수 있다. 이들과 대화할 때는 결론과 목적에 포커스를 두는 것이 좋고, 사담은 가능한 한 짧게 끝내야 한다.

② 관계 중심형과의 대화법

관계 중심형의 사람은 비즈니스도 결국 관계의 연장선에서 이뤄지는 것이라고 생각한다. 업무 성과라는 것도 훌륭한 팀워크, 즉 원만한 관계를 통해 이뤄낼 수 있다고 믿기 때문이다. 이들은 일만큼 공감대 형성을 중시하므로 같이 일할 땐 사적으로 교류하고 관심을 보임으로써 관계를 돈독히 해두는 것이 좋다.

단순히 생각해보면 업무 중심형의 사람이 효율도 높고 굉장히 실용적인 것처럼 보인다. 하지만 각 유형이 긍정적으로 작용하는가 그렇지 않는가는 개인이 아닌 환경에 따라 달라진다. 특히 한국 사회처럼 고맥락 문화권에서의 비즈니스는 여전히 '관계'에 더 치우쳐 있는 것이 사실이며, 팀원 간의 돈독한 관계가 효율과 성과에도 영향을 준다는 점을 잊어서는 안 된다.

🎤 수직적인 대화를 하는 사람과 수평적 대화를 하는 사람

조직의 소통 방식을 오로지 둘로만 분류하라고 한다면 수직과 수평으로 나눌 수 있다. 이는 힘이 흐르는 방향, 즉 조직의 구조를 보여주는 기준이 되며 개인의 대화 방식에도 적용할 수 있다. 즉, 수직적 대화를 하는 사람과 수평적 대화를 하는 사람으로 나눌 수 있다.

수직적 소통 방식을 주로 취하는 사람은 업무를 할 때 위계질서를 중시한다. 따라서 직급이 높은 사람의 의견에 가능한 한 맞서지 않고, 제안도 조심스럽게 한다. 이러한 소통 방식을 가진 구성원이 많은 조직이라면 조직 계층별로 그에 맞는 행동이 요구되기도 한다. 수직적 소통 방식이 곧 권위주의를 의미하진 않지만, 폐쇄적이고 경직된 조직에서의 상급자들은 종종 권위적인 것처럼 비치기도 한다. 한편 수직적 분위기의 조직이 가진 최대 장점은 의사 결정과 실행이 빠르다는 점이다. 리더의 판단과 결정이 내려지면 빠르게 업무 지시가 하달되어 직급별로 업무가 분담된다.

반면 수평적 조직에서는 이러한 속도에 다소 제약이 걸릴 수도 있다. 모든 구성원들을 평등적인 관계로 보는 이들에게 권력은 조직 전체에 골고루 분산되어 있으므로 의사 결정을 할 때도 구성원들의 다양한 의견을 수렴해야 하고 대세와 반대되는 의견도 자유롭게 나오기 때문이다. 이들에게는 직급마저도 역할의 차이일 뿐 높고 낮음의 개념이 아니다. 따라서 역할에 대해서도 상당히 유연한 태도를 가질 수 있다.

① 수직적 성향의 사람과의 대화법

수직적 소통 문화, 혹은 그러한 성향을 가진 사람과 대화할 때는 적절한 형식과 절차가 중요하다. 이러한 조직에서는 최종 결정권자가 누구인지를 먼저 파악하는 것이 업무에 도움이 된다. 대화는 권한을 침해하지 않도록 유의하면서 일의 형식과 절차를 파악하는 방향으로 이끌어가는 것이 좋다.

② 수평적 성향의 사람과의 대화법

수평적 소통 문화를 가진 조직과의 비즈니스는 다소 시간적 여유가 필요할 수 있다. 의사 결정에 시간이 걸리기 때문이다. 직급에 따른 구분보다는 업무별로 실무자가 누구인지를 파악하는 것이 중요하다. 이들의 규칙은 얼마든지 변할 수 있기 때문에 대화를 할 때도 융통성을 가져야 한다.

대화를 통해 성격을 파악하는 방법

■ 심리를 파고드는 질문법

"당신은 어떤 사람인가요?"

선뜻 대답하기에 모호한 질문이다. '어떤 사람인가'의 범위가 지나치게 넓기 때문이다. 질문을 이렇게 바꿔보면 어떨까?

당신은 여행을 갈 때

계획을 세우는 편이다 ☐	그냥 훌쩍 떠나는 편이다 ☐

당신은 모임에 나갔을 때

여러 사람과 어울린다 ☐	소수하고만 대화를 나눈다 ☐

당신은 모임에 나갔을 때

주변 사람의 의견과 감정을 고려한다 ☐	오로지 사실만 검토한다 ☐

질문의 폭이 좁아져 보다 구체적으로 답할 수 있게 되었다. 동시에 돌아오는 답을 통해 상대가 어떤 성격인지 대략적으로나마 가늠해볼 수도 있겠다. 이렇게 특정 상황에 대해 질문하면서 일반적으로 취할 수 있는 행동 유형을 몇 가지로 구분해 답하게 하는 방식이 바로 심리 진단 프로그램의 일반적인 틀이다.

DISC라든지, MBTI, 에니어그램, TA, ICRU 등을 비롯해 MMPI, TCI, SCT 등 인간 심리를 파악하기 위해 개발된 진단 프로그램은 그 종류가 매우 다양하다. 분석하는 내용도 조금씩 차이가 있는데 주로 성격과 기질, 행동 유형 등을 볼 수 있다. 심리상담 분야에 자주 쓰이지만, 일부는 기업들이 인재 채용을 할 때 참고하기도 하고, 강사들이 교육 목적으로 활용하기도 한다.

각 진단 프로그램들이 나름의 결과 유형을 구분하는 기준은 다양하지만, 그 뿌리를 찾아 거슬러 올라가 보면 심리학자 칼 융을 만날 수 있다. 융은 인간을 인식자와 판단자로 구분하고 각각을 다시 감각과 직관, 사고와 감정으로 구분했다.

에너지의 방향과 정보를 인식하는 방법, 의사 결정을 하는 기준, 라이프 스타일의 차이를 반영한 구분 방식이다. 이를 토대로 캐서린 브릭스와 이

인식자(Perceiver)

· 감각 선호(Sensing)
· 직관 선호(Intuition)

내향성
(Introvert)

판단자(Judger)

· 사고 선호(Thinker)
· 감정 선호(Feeler)

외향성
(Extrovert)

사벨 마이어스가 성격을 16가지로 구분하는 지표(MBTI)*를 개발하기도
했다.

많은 심리학자가 이러한 유형 구분이 과연 의미가 있는지, 특히 정확성
과 신뢰성이 있는지를 두고 엇갈린 의견을 내지만 이러한 분류는 목적에
따라 대단히 유용하게 쓰일 수 있다.

다시 위의 질문으로 돌아가 보자. '여행을 갈 때 어떤 스타일인가'를 묻
는 질문은 당신이 '체계적이고 계획에 따른 생활양식을 선호'하는가 아니
면 '개방적이고 상황에 따라 적절한 유연성을 발휘하는 생활양식을 선호'
하는가를 구분하기 위한 질문이다.

모임에 나갔을 때의 행동 패턴은 당신이 외향적인 사람인지, 내향적인
사람인지를 보여준다. 의사 결정 방식에서도 실은 여러 기준이 있겠지만
크게는 사고 중심과 감정 중심으로 구분할 수 있다.

일상에서 별생각 없이 내뱉는 말 한마디에도 생각과 기분, 감정, 욕구,
가치관, 신념 등이 녹아 있다. 이를 체계적으로 분석하고 활용하는 분야가

---

*마이어스–브릭스의 유형 지표(MBTI: Myers–Briggs Type Indicator).

바로 심리상담이다. 심리상담은 약물을 처방하기보다 대화를 주로 활용하여 내담자의 심리를 분석함으로써 더 건강한 사고를 할 수 있도록 이끈다.

심리상담이 이뤄지는 프로세스를 보면 대화가 주를 이룬다. 이는 상대의 말을 통해 숨은 심리나 성향을 읽어내는 동시에 변화를 이끌어낼 수 있음을 의미한다.

지금까지 스피치 코드를 문화적인 맥락에서부터 성별, 기질, 대화 내용과 방식 등에 따라 다양하게 구분하였다. 각각의 특징들을 다시 한번 읽어본다면 처음 만난 상대의 코드를 읽기 위해 무슨 질문을 해야 할지도 감이 올 것이다.

이제 코드를 읽는 방법을 익힌 당신이 다음으로 해야 할 일은 사용 방법을 터득하는 것이다. STEP 3의 내용을 통해 실제로 말할 때 스피치 코드를 어떻게 활용해야 하는지 알아보자.

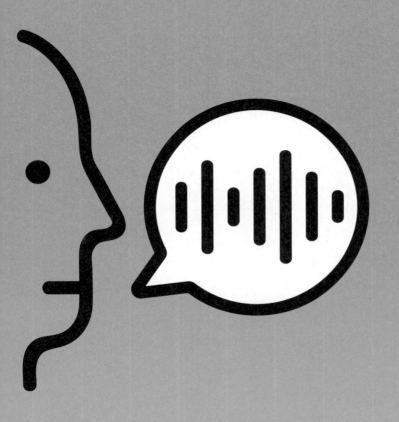

커뮤니케이션 코드
활용하기

익숙함으로 위장한
고집을 버려라

🎙️ 베토벤의 조금 특별한 수업료 책정 기준

클래식에 아무리 문외한이라 하더라도 누구나 한 번쯤은 들어봤을 그 이름, 불멸의 작곡가 베토벤! 그가 활동하던 당시 피아노를 배우겠다며 두 학생이 찾아왔다. 한 학생은 피아노가 처음이었고 다른 학생은 다른 스승에게 오랜 기간 배운 적이 있다고 했다. 그러자 베토벤은 오히려 경험 있는 학생에게 더 많은 수업료를 책정했다.

학생은 당연히 따져 물었을 것이다. 자기는 초보도 아니고, 어느 정도 연주를 할 줄 아는데 어째서 수업료가 더 비싼 것이냐고.

많은 사람이 속에 있는 말을 잘 꺼내기 위해, 더 조리 있고 설득력 있게 전달하기 위해 나를 찾아온다. 그들과 하는 수업의 방향은 각각 다르지만 첫 시간에 내가 던지는 질문은 한결같다.

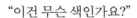

"이건 무슨 색인가요?"

모든 수강생이 다 파란색이라 대답을 한다. 나는 이때 "적어도 저와 함께할 동안만큼은 빨간색이라고 합시다"라고 한다. 그러면 다들 무슨 소린가 싶어 주저하다가 마지못해 빨간색이라 대답한다.

말하는 법을 배울 때는 이런 마음가짐이 필요하다. 강사가 파란색을 빨간색이라 할지라도 일단은 빨간색이라 믿어야 한다. 잘못된 정보를 옳다고 주장하려는 것이 아니다. 그만큼 색깔 빼기가 어렵다는 말이다.

사람은 누구나 저마다의 습관이 있다. 발성부터 발음, 높낮이, 템포, 뉘앙스, 하물며 시선 처리와 보디랭귀지까지 개인마다 고유한 패턴을 가지고 있다. 자신의 색깔이 옳다고 주장하진 않지만(그런 사람은 굳이 나를 찾아오지 않는다), 무의식중에 자기 스타일을 고집하게 된다. 편하기 때문이다. 하지만 습관을 바꾸기 위해서는 익숙함으로 위장한 고집부터 내려놔야 한다.

자기가 가진 색깔을 바꾸기란 그만큼 어렵다. 어느 순간에는 이렇게 한다고 해서 되겠나 싶은 의구심이 들기도 한다. 그래야 중간에 포기하더라도 합리화가 되기 때문이다. 강사에 대한 전적인 신뢰가 필요한 까닭이다.

지금의 상태가 어떠하든, 무슨 색을 가졌든, 어떠한 목적으로 커뮤니케이션를 배우려 하든, 가장 먼저 할 일은 바로 자신이 이미 가지고 있던 색을 빼는 것이다. 그 색이 잘못되었다는 뜻이 아니다. 색에는 옳고 그름이 없다. 특정 색깔을 강요해서도 안 된다. 다만 각자에게 어울리는 옷이 따로 있는 것처럼, 당신에게 잘 맞는 목소리와 어울리는 화법이 따로 있는데 아직 그 색을 못 찾았을 뿐이다. 그것은 당신의 잘못이 아니다.

"저는 피아노를 배운 경험이 많은데 어째서 수업료가 더 비쌉니까?"

이 질문에 베토벤은 이렇게 답했다.

"잘못된 습관 하나 바로 잡기가, 처음 시작하기보다 훨씬 더 어렵기 때문입니다."

말을 할 때 나타나는 다양한 습관이 거의 백색에 가까운 사람도 있다. 이런 분들은 교정이 빠르다. 하지만 굉장히 짙은 색을 가진 분도 있다. 더 부단한 노력이 필요하다. 불가능한 예는 없다. 가능, 불가능의 차이가 아니라 본인의 의지가 있는가 없는가의 차이가 있을 뿐이다.

목소리를 최상으로 유지하라

🎙 목소리를 해치는 의외의 적, 위산

목 상태를 최상으로 관리하는 방법하면 뭐가 떠오르는가? 흔히 알고 있는 몇 가지 상식들이 있다.

- 물을 많이 마신다
- 목을 따뜻하게 해준다
- 담배를 피우지 않는다

아마 이 정도일 것이다. 다 맞는 이야기이고 중요한 방법이다. 그러나 의외로 목 상태에 직접적으로 가장 큰 영향을 끼치는 요소가 하나 있다. 바로 위산(胃酸)이다. 음식을 먹을 때 위에서 분비되는 바로 그 위산 말이다.

위산은 위액 성분의 약 0.2~0.4%를 차지하는 산성 물질로 유리 상태의 염산과 단백질이나 뮤신과 결합한 '염산'이다. 그리고 우리가 흔히 아는바

염산은 굉장히 강력한 산에 속한다. 신물이 나올 때까지 토하고 나면 목이 따가운 이유가 바로 이 위산 아니던가.

이렇게 강력한 위산이 식사 때만 잘 분비되면 좋겠지만, 늘 그렇지만은 않다. 스트레스를 받을 때도 위산이 분비될 수 있다. 심지어 역류하는 때도 있는데, 이게 목에는 아주 치명적이다.

날카로운 위산이 역류해 목을 긁지 않도록 예방하기 위해서는 두 가지 측면에서의 관리가 필요한데, 첫 번째 핵심은 마음 관리다. 스트레스를 받지 말아야 한다는 뜻이다.

다만 발표가 익숙하지 않은 사람은 스트레스를 받지 않기가 어려울 것이다. 이때는 일부러 크게 심호흡을 몇 차례 반복하거나 어깨를 활짝 펴 자세를 바로 하고 몸집을 크게 보이도록 하면 의외로 도움이 된다. 별거 아닌 것처럼 보이지만 우리의 심리 상태는 단순한 행동이나 자세만으로도 바뀌기 때문이다.

몇 차례 심호흡만 해도 약 15분 정도의 명상 효과를 얻을 수 있다. 그리고 심리에 변화를 주는 가장 빠른 방법은 자세를 바꾸는 것이다. 어깨를 잔뜩 웅크려 몸집을 최대한 작게 만든 상태에서 10여 분이 지나면 느낄 것이다. 자신감이 떨어지고 점점 우울감이 올라오는 것을. 반대로 어깨를 활짝 펴고 다리를 크게 벌리거나 4자 형태로 꼬고 앉으면 서서히 자신감이 생긴다. 마음이 몸을 바꾸기도 하지만 거꾸로 몸이 마음을 바꾸기도 한다.

마음을 안정시킬 수 있는 자기만의 방법을 찾는 것도 중요하다. 심리치료 프로그램에서는 과거에 성공했던 경험, 기분 좋았던 상황을 떠올리며 그때의 상황, 풍경, 들렸던 소리 등등을 충분히 회상시키기도 한다. 그런 다음 자기 주변으로 보이지 않는 원을 그린 다음 원 안을 그 당시의 환경으로 꾸미게 한다. 그 원 안으로 들어가면 자신감으로 가득 찼던 당시의 기억이 떠오르면서 불안한 상황을 극복할 수 있다는 것이다. 이러한 훈련법을 NLP*에서는 '탁월성의 원(Circle of Excellence) 기법'이라고 부르는데 면접이나 발표로 인해 긴장될 때 활용하면 좋다.

▼ 탁월성의 원 기법 실습해보기

1 과거에 가장 자신감이 넘쳤던, 혹은 행복했던 기억을 떠올려본다.

2 지금 내가 발을 딛고 서 있는 장소 주변으로 원을 그려본다. 그리고 그 공간을 꾸며본다. 색깔이나 소리, 기온 등 환경을 내가 가장 좋아하고 안락함을 느끼는 장소로 만든다.

3 원을 다 만든 다음엔 다시 과거 자신감이 충만했던 상황을 떠올리며 그 원 안으로 들어간다. 그 당시의 주변 상황, 날씨, 기온, 들리는 소리는 물론이고 내 모습은 어떤지, 무슨 이야기를 하고 있는지 등 모든 표상 체계(풍경, 소리, 촉감, 움직임, 냄새, 맛 등)를 현재 그 현장에 있는 듯 생생하게 재현한다.

4 원 밖으로 물러나 잠시 휴식을 취한 다음 다시 원 안으로 들어가 어떤 기분이 드는지를 느껴본다.

5 위 단계를 반복하며 원 안에서 빠르게 기분이 변화하는 것을 터득한다.

우리가 어떤 상황에서 긴장하는 이유는 여러 가지이다. 대개 '실수하지

---

* '신경언어프로그래밍(Neuro-Linguistic Programming)'의 약자. 정보처리학자 리처드 벤들러와 언어학자 존 그린더가 창시한 프로그램으로 인간이 자신의 뇌에 언어로써 자신을 프로그램화한다고 주장한 학문이다.

말아야 해'라는 생각이 오히려 긴장감을 고조시키지만 근본적으로 그 상황 자체가 아직 익숙하지 않기 때문이다. 따라서 대부분의 긴장은 반복이 답이다. 심호흡이나 탁월성의 원과 같은 심리적 기술도 좋지만, 결국에는 경험을 늘려가며, 점차 자신감을 쌓아야 한다.

위산이 목 상태를 악화시키는 걸 막는 두 번째 키워드는 바로 카페인이다. 흔히 발표에 익숙하지 않은 사람일수록 대중 앞에 섰을 때 위산이 더 과다 분비될 수 있는데, 이때 커피와 같이 카페인이 들어간 음료를 마시면 더 심해지기도 한다. 게다가 흥분 작용을 일으키는 카페인은 긴장 완화와는 아주 거리가 멀다. 강의나 발표가 아니더라도 목을 많이 써야 하는 날에는 가급적 카페인 섭취를 줄일 것을 권한다.

대신 물을 많이 마시면 좋긴 하나 이 또한 단점은 있다. 수분을 과도하게 섭취했을 때 긴장까지 하게 되면 화장실을 더 자주 찾기 때문이다. 평소에 물을 자주 마시되 중요한 자리가 있을 때는 목을 축이는 정도만 마시도록 한다. 대신 목을 항상 촉촉하게 유지하는 한 가지 팁은 몸의 각도에 있다. 목 습도 조절에 따라 목 상태가 어떻게 달라지는지는 실습해 보면 바로 알수 있다. 먼저 턱을 들고 큰 소리로 말을 해 보자.

"안녕하십니까? 저는 ○○에서 온 ○○입니다. 오랜만입니다. 반갑습니다."

이렇게 몇 마디만 말을 이어가다 보면 금방 목이 건조해짐을 느낄 수 있을 것이다. 노래방에 다녀오면 쉽게 목이 쉬는 사람의 특징이 있다. 턱을 한껏 치켜들고 노래를 부르는 사람이다. 그렇다면 이번에는 반대로 턱을 당기고 말을 해 보자. 목을 살짝 숙이거나, 턱을 당겨주기만 해도 목이 건조해지는 것을 예방할 수 있다. 평소에도 말할 때 의식적으로 턱을 당기는 습관을 들이면 좋다.

🎤 발표나 면접 직전에 목이 잠겼을 때의 응급 처방

중요한 발표를 앞두고 목이 잠기면 어떻게 해야 할까?

가장 빨리 효과를 보는 방법은 당장 병원을 찾는 것이다. 병원에서는 주로 스테로이드를 처방하는데, 먹는 약을 처방하기도 하고 주사로 성대 주변에 약을 주입하기도 한다. 이때 스테로이드제는 근육을 이완시켜주는 역할을 한다. 부어서 좁아져 있던 성대를 약물을 통해 다시 넓혀주면 일시적으로 약효가 지속되는 정도이긴 하지만 다시 제 목소리를 낼 수 있다.

🎤 목소리에 볼륨과 깊이를 더하는 관리 방법

평소에는 성대가 서로 부딪치지 않게 목청을 넓혀줄 필요도 있다. 불필요한 진동을 방지함으로써 성대의 마모를 예방하는 방법이다. 알파벳 'R'을 소리 내어 발음해보면 혀가 목 안쪽으로 넘어가면서 후두부가 넓어지는 것을 느낄 수 있다. 이를 자주 연습하면 성대에 무리가 가지 않아 목소리 갈라짐을 예방할 수 있다.

발성, 즉 목소리를 내는 연습도 필요하다. '어흥'을 조금 짧게 발음을 하는데, '엉, 엉' 하면 비강(콧구멍)이 자연스럽게 열리게 된다. 이때 자세는 고개를 뒤로 젖혀 코를 위로 들어주면 된다. 이렇게 입속을 크게 열고 '엉' 소리를 내며 발성 연습을 하는 것이다. 강의나 발표 전 20분 정도 충분히 연습하게 되면 소리에 볼륨감이 생기고 깊이가 더해진다.

마인드를 관리하라

사례 1 **말이라면 자신 있다는 재무 설계사 A**

예전에 어느 모임에서 처음 만난 분이 이렇게 자기소개를 하신 적이 있다.

"3분! 저는 3분이면 누구라도 설득할 자신이 있습니다."

자신만만한 태도답게 그분은 정말로 말씀을 잘하시는 것처럼 보였다. 두 번째 만난 자리에서 그분은 대뜸 내게 "노후 설계 필요하지 않으세요?"라고 물어왔다.

그리고 계절이 두 번인가 바뀌고서였나, 세 번째 만났을 때 그는 내게 다른 명함을 내밀었다. 재무 설계사에서 사무직으로 직업이 달라져 있었다. 그의 말은 이랬다.

"그게… 참 쉽지가 않더라고요. 남을 설득하기가."

사례 2   누구든 웃게 만드는 대학 선배 B

대학 시절 술자리에서 유난히 돋보였던 선배가 있다. 학교에선 '말 잘하고 재밌는 선배'로 통했지만 나는 거꾸로 '말 참 못하는 선배'로 기억하고 있다. 두 시간 술 마시면 무려 한 시간 오십 분을 혼자 떠들었으니 말이다.

말을 '잘하는' 사람과 말이 '많은' 사람은 엄연히 다르다. 함께 자리한 동기, 후배들은 그 선배 말 한 마디, 한 마디에 포복절도하며 시간 가는 줄 몰랐지만 정작 술자리가 끝나고 나면 허무한 감정만이 남곤 했다. 우리가 오늘 무슨 대화를 나눴나 생각해보면 딱히 떠오르는 이야기가 없었기 때문이다. 대화를 위한 술자리가 아니라 그저 술 마시며 재미있는 쇼 한 편 보고 난 느낌이 들었다.

한두 번은 재밌지만 코미디 쇼를 즐기기 위해 굳이 술까지 필요할까.

사례 3   수백 명의 청중을 압도하는 강사 C

수백 명 앞에서도 전혀 긴장한 기색 하나 없이 좌중을 압도하는 강사가 있다. 그는 사석에서는 전혀 딴사람이 되는데, 실은 남과 눈도 제대로 못 마주칠 정도로 내향적인 성격이다. 심지어 한때는 대인기피증까지 있었다고 한다. 강사라고 소개하면 다들 믿지 않는 분위기이다. 공감한다. 나 역시 처음엔 그랬으니.

🎙 스피치, 목소리뿐 아니라 마인드까지 갖춰야

스피치를 철저히 기술로만 접근하려는 사람이 있다. 재무설계사 A 씨의 화법을 단순히 기술적 측면으로만 본다면 사실 전혀 나무랄 데가 없었다. 목소리도 타고났고, 어조나 억양, 속도 등 준언어는 물론이고 비언어(보디랭귀지)까지 완벽하게 활용했으니까. 다만 문제는 상황이었다. 이제 겨우 두 번 만난 사람에게 대뜸 연금 상품부터 소개하려 든다면 반겨 들을 사람이 몇이나 될까. 바뀐 명함을 받아들고 '아, 역시' 하고 느낀 건 나뿐만은 아니었으리라.

학교 선배 B 역시 마찬가지다. 청중을 웃게 만든다고 스피치의 달인은 아니다. 대화는 상대의 말에 먼저 귀 기울일 줄 알아야 한다. 그곳이 공연 무대가 아니라 술자리라면 특히.

우리가 주목해야 할 사람은 극도로 내향적인 성격의 강사 C 씨다. 그는 앞서 말한 두 사람과 마찬가지로 굉장한 스피치 기술을 가진 케이스에 속한다. 하지만 차이라고 한다면 기술 외에 다른 무언가를 가지고 있다는 점. 말의 내용도 내용이지만 결정적 차이는 마음의 시선이 어디를 향하는가에 있다.

하루는 궁금해서 물은 적이 있다. 어떻게 그런 내향적인 성격으로 강의를 할 수 있냐고.

"저는 제 강의를 들은 분들이 다 성공하셨으면 좋겠어요. 그게 제 강의 목표입니다."

마음의 시선이 철저히 청중을 향해 있는 강사. 그러면 자연히 긴장감도 크게 덜 수 있다. 강의에 앞서 '잘해야지', '실수하지 말아야지' 하며 마음의 시선을 자기에게로 향하는 순간 강사는 더 크게 긴장한다. 의식의 부정어를 인식하지 못하기 때문이다. 아이에게 물을 떠오라고 심부름시킨 다음 "쏟지 마! 절대로 쏟으면 안 돼!"라고 하면 아이는 오히려 물을 쏟는 경우가 많다. 뇌에서는 '물을 쏟아야 해'라고 인식하기 때문이다. 마찬가지로 '긴장하면 안 돼', '실수하지 말아야지'라는 부정적 암시는 오히려 긴장을 더 증폭시키는 역할을 한다.

'오늘 이 자리에 오신 분들에게 어떤 이야기를 해드릴까?'

'어떤 도움을 드릴 수 있을까?'

이런 긍정적인 고민은 그 시선마저도 청중을 향해 있다. 이러한 생각은 열정에도 불을 지펴 강의에 생기를 더해준다.

"이번 달도 실적이 바닥이에요. 이제 곧 둘째도 태어나는데 저 좀 도와주세요. 어차피 연금 하나 들면 좋잖아요."

결론은 '애가 둘인 자신을 위해 연금 보험에 가입해달라'라는 것이다. 마음의 시선이 온통 자신만을 향해 있는 이 보험 설계사가 마주 앉은 고객의 마음을 움직이기란 아마 힘들 것이다.

이 말도 굳이 스피치 전략 측면에서 본다면 동정심에 호소하는 것이다. 자선 단체에서 자주 사용하는데, 상대의 마음을 움직이는 가장 쉬운 방법 중 하나다. 그렇다고 해서 이 전략이 모든 상황에서 잘 통하는 최고의 선택이라 볼 수는 없다. 전략 그 자체에는 좋고 나쁨이 없다. 대상과 상황에 맞는지를 판단해야 한다.

따라서 재무 설계라는 철저히 계산적인 상황에서 이같이 동정심에 호소하는 전략은 그리 좋은 선택이라 보기 어렵다. 오랜 기간, 적지 않은 비용을 납입해야 하는 연금 보험을 단순히 동정심으로 선택하는 이는 드물기 때문이다.

스피치는 스킬도 중요하지만, 그에 못지않게 내용과 심리적 측면도 함께 살펴야 한다. 즉, 내가 어떤 마음가짐으로 상대를 대하고 있는가이다. '진심은 통한다'라는 말은 화려한 언변이 전부가 아님을 뜻한다. 다소 어눌하더라도 마음가짐 하나만으로 스피치를 성공으로 이끄는 경우도 있다.

"제일 힘든 지역을 주세요."

고등학교 졸업 이후 번번이 취업에 실패한 빌 포터가 미국 생활용품 회사인 왓킨슨을 찾아가 한 말이다. 영업사원들이 가장 기피하는 곳에서 일하겠다고 제안해 간신히 취업에 성공한 그는 이후 55년간 근무하며 판매왕까지 오르게 된다.

판매왕이라고 하면 그에게 뭔가 남다른 세일즈 기법이 있으리라 생각한다. '성실하기도 했겠지만 분명 언변도 탁월할 거야. 그래서 상대를 쉽게 설득했을 거야'라고 예상한다. 물론 대다수 판매왕이 내세우는 무기 중 첫째는 뛰어난 커뮤니케이션 능력이다. 그들은 상황에 따라 자유롭게 변화하는 화려한 언변과 그에 어울리는 준언어와 비언어까지 3박자를 고르게 갖추고 있다.

그러나 빌 포터는 뇌성마비에 심한 언어장애까지 있었다. 걸음이나 행동이 매우 부자연스러웠고 말조차 또렷하게 할 수 없었다. 그래서 사람들은 대문을 두드리는 그를 판매가 아니라 구걸하는 것으로 오해했고, 다시는 찾아오지 말라며 매몰차게 거절하기까지 했다. 그러나 빌 포터는 좌절하지 않았다.

"고객들의 거절은 다시 오지 말라는 뜻이 아니라 더 좋은 제품을 가지고 다시 오라는 의미이다. 내가 쫓겨나는 것은 장애 때문이 아니라 부족한 나의 설득 능력과 제품 때문이다."

판매왕의 비결이 단순히 커뮤니케이션의 기술적 능력이 전부라면 빌 포터는 아마 결코 성공할 수 없었을 것이다. 물론 기술은 중요하다. 그러나 커뮤니케이션의 성패는 전적으로 기술에만 국한되지 않는다. 그게 전부가 아니라는 뜻이다. 마음이 향하는 곳에 기술은 따라온다. 그러나 기술만 앞세우며 정작 마음은 딴 곳을 향해 있다면, 상대는 이를 무의식중에 알아차리고 공감하지 못할 것이다. 기술 이전에 스피치를 배우려는 목적과 마음가짐을 먼저 가르치는 이유다.

"스피치를 잘하고 싶은데 무엇을 배워야 하나요?"

이 질문에 수많은 조언을 해줄 수 있겠으나 단 한 가지만 전해야 한다면 '마음가짐'을 꼽을 것이다. 당신은 어떠한 이유로 스피치를 배우려 하는지, 훈련을 통해 키운 스피치 역량을 어디에 행사하고 싶은지.

겉으로 드러나는 건 기술이다. 하지만 그 기술을 올바른 방향으로 제대로 쓰이게끔 하려면 진심이 우러나야 한다. 진정으로 상대를 위하는 마음으로 고심 끝내 내뱉는 한마디에는 상대를 움직이는 힘이 있다. 우리는 그힘을 '진정성'이라 부른다.

얼굴 표정을 경영하라

🎙 얼굴 표정 평가 진단

호랑이가 사는 곳을 호랑이굴이라 부른다. 여우가 살면 여우굴이다. 정신의 줏대를 의미하는 '얼'은 어디에 머물까? 그렇다, 바로 얼굴이다.

얼굴을 영혼의 통로라 부르기도 한다. 이 통로를 통하면 겉으로 보이는 생김새 너머로 그의 내면까지도 들여다볼 수 있다. 한 사람의 인상이 하루이틀 만에 만들어지지 않음을 알기에 우리는 상대의 얼굴을 통해 그의 성품을 가늠해보기도 하는 것이다.

나이가 들면 자기 얼굴에 책임을 져야 한다는 말도 여기서 비롯된다. 외모는 타고나지만, 인상은 삶의 궤적에 따라 크게 바뀌기도 한다. 어떠한 환경에서, 어떠한 마음가짐으로 살아왔고, 또 살고 있는지가 얼굴에는 고스란히 담겨 있다. 얼굴이 잘생겨도 어쩐지 호감이 가지 않는 사람이 있는가 하면, 잘생기지 않았어도 정이 가는 사람도 있다. 외모가 아니라 인상 차이다.

얼굴 인상은 스피치에도 지대한 영향을 끼친다. 같은 메시지도 말하는 사람의 인상에 따라 전혀 다르게 들리기도 한다. 길에서 누군가가 '저기, 실례지만…' 하고 말을 걸어온다면 어떨까. 무슨 의도인지는 끝까지 들어봐야 알겠지만, 그가 어떤 인상, 어떤 표정을 가지고 말을 거는가에 따라 내 마음은 다른 방향으로 움직일 것이다.

이렇듯 얼굴 표정은 스피치, 특히 시작점에서부터 굉장히 중요한 역할을 한다. 단지 밝고 환한 미소 하나만으로도 첫 만남이 주는 경계심을 쉽게 허물어버릴 수도 있다. '저 믿을 만한 사람이에요'라고 굳이 말하지 않더라도 말이다.

그래서 선거철이 되면 정치인들은 전문가에게 표정과 보디랭귀지 훈련을 받기도 한다. 선거에 있어 무엇보다 중요한 건 공약이지만 그 공약을 제대로 전달하고 또 신뢰감을 주기 위해서는 그에 맞는 표정이 수반되어야 하기 때문이다. 단지 목소리만 높인다고 해서 유권자들의 호감을 얻기는 어렵다. 나라 살림을 하기 이전에 자신의 얼굴부터 제대로 경영할 수 있어야 한다. 그렇다. 얼굴도 경영이 필요하다.

얼굴 표정은 단기간의 훈련을 통해서도 바뀔 수 있다. 하지만 순간의 표정이 인상으로 자리 잡기 위해서는 꾸준한 노력이 필요하다. 한 사람의 인상은 오랜 표정 습관에 의해 만들어진 결과물이기 때문이다. 평소 밝고 긍정적인 사람의 표정과 세상이 온통 불만투성이인 사람의 표정이 같을 수는 없다. 비록 외모가 비슷하게 생겼다 하더라도 두 사람이 풍기는 인상은 전혀 딴판일 것이다. 본격적인 얼굴 경영 이전에 나의 얼굴 이미지 점수는 과연 몇 점일까 진단해보자. 다음의 질문에서 각각 자신에게 해당된다고 여겨지는 항목에 체크하면 된다.

1. 대화를 나눌 때 상대방의 어디를 보십니까?
   a. 눈을 편안하게 바라본다
   b. 얼굴 전체를 돌아가면서 본다
   c. 눈이 아닌 입이나 다른 곳을 본다
   d. 얼굴 보기가 민망해서 다른 곳을 본다

2. 귀하의 웃는 눈을 자세히 보면?
   a. 다정하게 웃고 있다
   b. 무표정하게 있다
   c. 노려보는 듯하다
   d. 약간 웃는 듯하다

3. 입을 다물고 미소 지었을 때 입 모양은?
   a. 입꼬리가 위로 올라가 있다
   b. 입이 일자형(-)이다
   c. 입꼬리가 아래로 처져 있다
   d. 한쪽은 올라가고 한쪽은 내려가 있다

4. 치아를 보이며 환하게 웃었을 때 입 모양은?
   a. 위쪽 치아가 8개 이상 시원하게 보인다
   b. 아래쪽 치아가 더 많이 보인다
   c. 위쪽 치아가 보이지만 8개 미만이다
   d. 위아래 치아가 비슷하게 다 보인다

5. 외적으로 잘 연결하십니까?(표정, 피부, 헤어, 메이크업 등)
   a. 보통이다
   b. 전혀 신경 안 쓴다
   c. 잘 못 하는 편이다
   d. 관심을 갖고 신경 써서 연출하는 편이다

▼ 첫인상 채점표

항목	a	b	c	d
1	5	3	1	0
2	5	1	0	3
3	5	3	1	1
4	5	0	3	1
5	3	0	2	5

▼ 점수별 첫인상 유형

8점 이하	불안형	당신은 접근하기 어려운 사람입니다. 자신의 표정을 살피고 체계적으로 훈련할 필요가 있습니다.
9~14점	평범형	당신의 얼굴은 평범합니다. 사람들에게 오래 기억되기 어려울 수 있습니다. 자기 얼굴 이미지를 진단 분석하여 자기만의 개성을 표현하려는 노력이 요구됩니다.
15~20점	친근형	당신은 다가가기 편한 인상을 줍니다. 사람을 대하는 직업이 어울리며 상대방을 배려하고 소통하는 노력을 더한다면 더욱 좋은 성과를 얻을 수 있습니다. 조그마한 단점이라도 보완하는 노력이 필요합니다.
21점 이상	매력형	당신은 매력적인 인상을 가지고 있습니다. 사람들 많이 만나는 직업이 유리하며 전문성과 함께 인격과 자질을 갖춘다면 큰 성공을 얻을 수 있는 사람입니다. 당신에 대한 기대가 매우 큽니다.

점수가 8점 이하라면 당신의 표정을 본 상대가 어려움을 느낄 수 있다. 표정이 지나치게 경직되어 있거나, 무섭다고 여길 수도 있다. 9~14점은 평범한 얼굴에 속하는데, 이는 오래 기억되기 어렵다는 뜻이기도 하다.

15점 이상부터는 다가가기 편한 인상을 가지고 있다고 볼 수 있고 21점 이상이라면 굉장히 매력적인 인상을 가진 사람이다. 하지만 점수가 높다고 해서 마냥 좋다고만은 볼 수 없는 것이, 그 매력적인 첫인상이 오히려 상대로 하여금 높은 기대를 갖게 만들기 때문이다. 기대치가 높아진 상태에서 얼굴과 목소리 그리고 인성이 일치되지 않으면 거꾸로 실망감을 안기기도 한다.

타인과 커뮤니케이션하는 방식은 단순히 말의 내용만을 의미하지 않는다. 전하고자 하는 내용을 진실되게 느끼도록 만드는 것은 표정이다. 또한, 상대의 말에 내가 귀 기울이고 있음을 표현하는 가장 유용한 방법도 표정이다. 목소리, 즉 소릿값도 얼굴 근육에 따라 달라진다. 따라서 진정한 소통 전문가가 되기 위해서는 전하고자 하는 말의 내용에 따라 얼굴 근육도 자유자재로 변화를 줄 수 있어야 한다. 똑같은 이야기를 해도 어떤 이의 말은 웃음과 신뢰감을 주는데, 어떤 이의 말은 그렇지 못한 이유가 바로 여기에 있다.

🎙 6가지 보편적 감정과 표정 연출법

"영장류는 특별한 감정을 가지고 태어나고
이 감정은 몸과 얼굴을 통해 표출된다."

– 찰스 다윈

21세기 가장 영향력 있는 심리학자 중 한 사람으로 꼽히는 폴 에크먼 교수는 감정과 표정 분야에 있어 최고의 권위자로 꼽힌다. 감정은 문화적이지 않고 생물학적이기 때문에 보편적이고 유전적 발현의 결과물이라 설명한다. 즉, 모든 인간은 인종과 문화를 뛰어넘는 보편적인 감정을 가지고 있다는 뜻이다.

내면 심리에 따라 얼굴은 특정 방향으로 근육을 움직이면서 감정 상태를 표현한다. 행복할 때와 불안하고 두려울 때 얼굴 근육은 다른 방향으로 움직인다. 이는 당신이 한국인이든 미국인이든 심지어 문명과 거리가 먼 아프리카 원시 부족이든 인간이라면 공통된 감정이 있고 그 감정을 표현하는 얼굴 표정의 방식 또한 같다는 뜻이다.

보편적인 감정을 기본적으로는 행복, 슬픔, 분노, 불쾌, 놀람, 두려움 6가지로 설명하지만, 여기에 경멸을 포함시키기도 한다.

대표적인 6가지 감정에 따른 얼굴 근육의 변화는 이렇게 설명할 수 있다.

▼ 인간의 6가지 보편 감정*

행복	광대가 올라가고 입술 모서리는 뒤로 당겨지며 올라간다. 아랫눈꺼풀 아래 피부에 주름이 지고, 코와 윗입술 사이와 눈가 바깥 부분에 주름이 진다.
슬픔	눈 바깥쪽이 아래로 비스듬히 기울어져 처진다. 눈썹이 삼각형 모양으로 변한다. 입술이 아래로 향하며 흔들리기도 한다.
분노	눈썹 높이가 낮고, 수축되며, 각이 생긴다. 아랫눈꺼풀은 팽팽해지고, 입술은 소리를 지르듯 팽팽하거나 열리게 된다. 시선이 확고해진다.
불쾌	윗입술이 들린다. 비대칭의 코끝과 윗입술 부근의 주름 이마에 주름이 잡힌다. 광대가 올라가 아래 눈꺼풀에 주름이 생기기도 한다.
놀람	눈썹이 위로 올라가고, 동그랗게 바뀐다. 눈썹 아래 피부가 펴지면서 눈이 확장된다. 턱이 벌어진다.
두려움	눈썹 위치가 높아지고 수축되며 윗눈꺼풀과 아랫눈꺼풀이 올라간다. 입술이 가늘게 되며 때로는 입이 벌어지기도 한다.

*폴 에크먼 저, 함규정 역, 『언마스크, 얼굴 표정 읽는 기술』, 청림출판, 2014.
　폴 에크먼 저, 이민아 역, 『얼굴의 심리학』, 바다출판사, 2006.

이러한 감정들은 때로는 사회적인 관계와 상황에 따라 감춰지기도 한다. 상대가 싫더라도 웃음으로 본심을 가리기도 하고, 두려운 감정을 분노로 억누르기도 한다. 크나큰 시련에 처한 사람이 '나 괜찮아' 하며 보여주는 미소에 오히려 상대가 울음을 터트리기도 한다.

그러나 누구라도 본심을 완벽하게 감출 수는 없다. 본심은 보디랭귀지를 통해 드러나기도 하지만 그 이전에 표정에도 짧게 스쳐 지나간다. 미세 표정이라고 하는데, 진짜 감정이 극히 짧은 시간(0.2초) 동안 얼굴을 스쳐 지나게 된다. 사회적인 관계 형성을 위한 표정이 나타나는 건 그다음이다.

프로파일링 전문가들은 미세 표정을 읽어내는 특별한 훈련을 받기도 한다. 모니터에서 짧게 지나가는 얼굴 표정을 보고 행복한 표정인지, 화를 내고 있는지, 혹은 두려워하고 있는지를 맞추는 것이다. 이 훈련법은 미국 드라마인 <라이 투 미(Lie to me)>에서도 소개된 적이 있다. 폴 에크먼 교수를 모델로 만든 이 드라마는 주인공 칼 라이트만 박사가 상대의 표정이나 행동을 보고 거짓말을 하거나 뭔가를 숨기고 있다는 사실을 알아채고 사건을 해결한다는 내용이다. 한때 상대의 거짓말을 간파하는 방법을 소개한 책들이 세계적으로 유행한 것도 이 드라마의 인기 덕분이다.

우리가 프로파일러처럼 숨겨진 표정까지 읽을 순 없겠지만, 상대의 표정에 좀 더 주목해야 할 필요를 여기서 발견할 수 있다. 다시 말하지만, 말은 입으로만 하는 것이 아니다. 상대와 진심으로 통하고 싶다면 그의 얼굴 표정에 주목하라.

🎤 얼굴 표정이 중요한 이유

커뮤니케이션 코드는 크게 세 가지로 분류할 수 있다.

언어	말의 내용과 다양한 패턴(시간선, 선호표상채널 등)
준언어	템포, 강도, 높낮이, 음색, 뉘앙스
비언어	보디랭귀지

이 중 의사소통에 있어 언어, 즉 말의 내용이 차지하는 비중은 고작 7%에 불과*하다. 비언어 55%를 제외하고 무려 38%의 비중을 차지하는 것이 준언어, 바로 소릿값이다. 같은 말이라도 준언어에 따라 말의 의미나 결과가 완전히 달라질 수 있다. 즉, 얼굴 표정이 의사소통의 큰 부분을 좌우할 수 있다는 의미다.

소릿값은 얼굴 근육에 따라 달라진다. 전하고자 하는 메시지에 따라 말도 색깔이 달라져야 한다. 음색이나 템포의 변화가 필요하다는 뜻이다. 이것이 스피치에서 진짜 프로와 아마추어를 가르는 숨은 차이라 할 수 있다.

목소리에 힘이 없거나, 발음이 불분명할 때도 마찬가지다. 내용이 아무리 좋아도 발성과 발음이 안 좋으면 신뢰를 얻기 힘들고 관심을 지속시키기도 어렵다. 당연히 발성과 발음 훈련이 필요하지만 그 이전에 얼굴 근육을 제대로 쓰고 있는지도 살펴야 한다.

---

* 'STEP 2에서 소개한 메라비언 법칙. 언어, 준언어, 비언어의 중요도를 7:38:55의 비율로 나눈 법칙이다.

🎙 읽거나 읽히거나

내 얼굴 표정, 정확하게는 얼굴 근육을 잘 컨트롤하면서 내가 전하고자 하는 메시지에 힘을 싣는 한편 상대의 표정 또한 잘 읽어내는 훈련이 필요하다. 실제 강의에서도 6가지 보편 감정을 나타낸 사진을 무작위로 여러 장 보여주며 감정을 읽어내는 훈련을 한다. 이때 절반 이상을 맞추는 사람들은 대개 평소에도 자기표현을 많이 하는 한편, 타인의 감정에도 관심을 가지고 있으며, 이를 통해 대화도 능숙하게 잘 이끌어나가는 경우가 많았다.

🎙 젓가락 하나로 첫인상을 좋게 바꾸는 방법

첫인상의 중요성을 말할 때 흔히 '3초 법칙'이라는 표현을 쓰기도 한다. 아무리 매력적인 사람이라 할지라도 어떤 말이나 행동으로 인해 첫인상이 나빴다면 그 오해가 풀리기까지 상당히 오랜 시간이 걸린다. 그 첫인상이 오죽 강력하면 '콘크리트 법칙'이라고 할까. 이는 먼저 제시된 정보가 이후에 제시된 정보보다 훨씬 강력한 영향을 미치는 현상으로, 초두효과라고도 한다. 3초라고 하지만 미국의 뇌과학자 폴 왈렌(Paul J. Whalen)의 연구에 따르면 뇌의 편도체(Amygdala)를 통해 0.1초도 안 되는 극히 짧은 순간에 상대방에 대한 호감도와 신뢰도를 평가한다고 한다.

첫인상을 결정짓는 중요 요인은 크게 세 가지로 외모, 목소리, 어휘 순이다. 타고난 생김새는 당장 바뀌지 않으나 표정은 훈련을 통해 얼마든지 바꿀 수 있다. 그것도 아주 간단하게. 집에서 누구나 나무젓가락 하나면 할 수 있는 표정 연습법을 소개한다.

▼ 첫인상을 좋게 바꾸는 표정 훈련법

◆ 준비물: 나무젓가락, 손거울

1 나무젓가락 한 벌을 둘로 쪼갠 다음 하나
를 양쪽 어금니로 문다.

2 아랫니는 안 보이고 윗니만 보이도록 남
은 젓가락 하나로 윗입술을 올려준다. 윗
입술을 코 쪽으로 당긴다는 느낌으로 올
린다.

3 검지손가락의 두 마디, 혹은 한 마디 반 정도
만큼 눈썹과 눈 사이를 벌려준다.

4 500원 동전 크기만큼 눈썹과 눈썹 사이도 최대한 벌려준다.

▲ 눈썹과 눈 사이가 가까울 때   ▲ 눈썹과 눈 사이가 멀 때

5 턱을 아래로 자연스럽게 당긴다. 이때 약간 어색한 느낌이 들 정도로 생각보다 더 당겨야 남이 볼 때 자연스러운 각도가 된다.

▲ 턱을 들었을 때

▲ 턱을 당겼을 때

6 최소 10분 정도 이 상태를 유지한다.

처음부터 전문가의 도움 없이 자연스러운 표정을 짓기는 어렵다. 얼굴 근육을 제대로 다루는 데 서툴뿐더러 '자연스러운 표정'이 어떤 상태를 말하는지도 잘 모르기 때문이다. 이때 젓가락을 양쪽 어금니로 물어주면 자연스러운 미소를 짓게 되는데 이 상태를 유지함으로써 경직되어 있던 얼굴 근육을 풀어주고 웃는 인상을 만들 수 있다.

또한, 인상을 크게 좌우하는 요소 중 하나인 눈썹도 눈과의 거리를 최대한 벌려줌으로써 호감을 상승시킬 수 있다. 이때 헤어스타일은 최소한 눈썹이 보이도록, 가능한 이마가 살짝 드러나게 하는 편이 신뢰와 호감을 얻는 데 유리하다. 턱을 치켜들면 자칫 거만하고 무례해 보일 수 있으므로 젓가락 훈련법을 통해 턱을 당기는 자세에 익숙해지도록 하자.

시선을 자연스럽게 처리하라

🎤 가짜 웃음과 진짜 웃음

둘 다 웃고 있는 사진이다. 어떻게 느껴지는가? 어떤 차이가 있을까? 우측 사진은 웃는 것처럼 보이긴 하지만 어딘지 모르게 어색하다. 이유가 뭘까? 비밀은 눈에 있다. 위 이미지에서 입만 살짝 가려보면 금방 알 수 있다.

왼쪽 이미지는 눈만 봐도 웃고 있음을 알 수 있다. 진짜 웃음이다. 반면 오른쪽은 입을 가리고 나니 웃는 표정처럼 보이지 않는다. 인상에 따라서는 오히려 화내는 것처럼 보이기도 하고 노려보는 듯한 느낌까지 준다. 이는 사회적인 관계에 의해 억지로 지어 보이는 웃음, 즉 가짜 웃음이다.

실제 웃기거나 기쁜 일이 있을 때 나타나는 웃음을 전문 용어로 '뒤센 웃음(Duchenne's Smile)'이라고 한다. 19세기 신경심리학자 기욤 뒤센(Guillaume Duchenne)의 이름을 딴 용어이다.

반대로 우스운 느낌의 유발 없이 표정의 인위적 변화로 유발된 웃는 표정은 '팬암 웃음(Pan Am Smile)'이라고 한다. 항공사 승무원들이 보여주는 전형적인 가짜 미소를 두고 만든 말인데, 팬암은 과거 항공사 이름이었던 '팬 아메리칸 에어라인(Pan American Airline)'에서 따온 이름이다.

인간은 얼굴 근육 42개를 조합하여 무려 19가지 종류의 미소를 만들어낼 수 있다. 하지만 이 중에서 진짜 웃음은 단 하나뿐이고 나머지는 모두 가짜 웃음이다.

안륜근(Orbicularis oculi)

대관골근(Zygomaticus major)

진짜든 가짜든, 우리는 웃을 때 광대뼈와 입술 가장자리를 연결하는 협골근과 입술 가장자기 근육인 구륜근을 사용한다. 하지만 진짜 웃을 땐 눈 가장자리 근육인 안륜근을 쓴다. 그래서 상대가 진짜 즐거워서 웃는지 혹은 사회적 관계 유지를 위해 웃는지는 눈을 통해 알 수 있다.

🎙️ <u>눈은 마음의 창</u>

커뮤니케이션 시 눈을 통해 얻을 수 있는 정보는 생각보다 많다. 흔히 눈을 '마음의 창'이라고 표현하는데, 이는 눈을 통해 상대의 감정 상태나 의중을 읽을 수 있기 때문이다.

> "인간의 흰 공막은 인류 집단이 공동의 목표를 이루기 위해 한곳으로 주의를 집중해야 할 때 중요한 역할을 했다."
>
> — 장대익, 『울트라 소셜』

인간의 눈은 지구상의 모든 동물 가운데 공막(흰자위) 부위가 가장 넓다고 알려져 있다. 그 이유는 눈동자의 움직임을 읽기 위해서인데, 인간 집단의 사회적 협력과도 연관이 깊다는 연구가 있다. 공막이 넓어야 눈동자가 어느 방향으로 움직이는지를 쉽게 읽을 수 있고, 그 방향에 따라 의중을 파악할 수 있게 된다.

몇 가지 예를 들자면, 대화할 때 상대가 나에게서 시선을 오래 두지 않고 빠르게 좌우를 살핀다면 탈출구를 찾고 있다는 뜻이다. '탈출구'라는 표현은 '이 상황에서 벗어나고 싶다'라는 뜻으로 해석할 수 있는데, 이유는 매우 다양할 수 있다. 내 이야기에 흥미가 없을 수도 있고, 당신의 부탁에 난처함을 느낄 수도 있으며, 다음 약속 시간이 임박해 초초함을 느낄 수도 있는 것이다. 그러나 중요한 핵심은 지금 당신의 이야기가 전혀 귀에 들어오지 않고 있다는 사실이다. 대화에 전혀 집중하지 않고 있는데 당신이 아무리 중요한 이야기를 한들 기억에 남을까.

상대가 주변으로 자꾸 시선을 돌린다면 화제를 바꾸거나 직접적으로 무슨 급한 일이 있는지 물어봄으로써 다시 대화에 집중할 수 있게끔 만들어야 한다.

눈동자가 향하는 방향을 보면 상대가 무슨 생각을 하고 있는지 어느 정도 짐작할 수 있다. 프로파일링에 있어 아주 기본적인 기술에 속한다.

눈동자가 정면에서 봤을 때 상대방 기준에서 좌측으로 움직인다면 과거를 회상하는 것이다. 반대로 우측으로 움직인다면 미래를 상상하는 것으로 추측할 수 있다. 이를 눈동자 접근 단서(Eye Accessing Cue)* 라고 부른다.

▲ 미래를 상상하는 우측 시선　　　　▲ 과거를 회상하는 좌측 시선

* 서우경 저, 『무엇이 CEO를 만드는가』, 김영사, 2015.
　조셉 오코너·존 시모어 저, 설기문 외 역, 『NLP 입문』, 학지사, 2010.

"지난 일요일 저녁 어디에 있었어?"라는 형사의 물음에 용의자의 시선이 오른쪽 위로 향한다면 아마 그는 거짓말을 할 준비를 하고 있을 확률이 높다. 뇌가 전에 없던(아직 경험하지 않은) 시각적 이미지를 만들어내느라 눈동자가 자연스럽게 오른쪽 위로 향하는 것이다.

다만 시선이 우측을 향한다고 해서 반드시 미래를 상상한다고 단정 지어서는 안 된다. 대다수 사람들의 시간관념은 좌에서 우로 흐른다. 이를 시간선이라 부르는데, 간혹 반대인 경우도 있다. 따라서 중요한 질문, 특히 거짓의 유무를 판별하기 위해서는 먼저 기준 질문을 통해 상대의 시간선이 어디를 향하는지부터 파악을 해야 한다. 휴가는 어디로 떠날 건지(미래), 작년 휴가는 어땠는지(과거), 자동차 색깔이나 방 구조나 인테리어는 어떤지 등 일상적인 질문을 통해 시간선을 파악할 수 있다.

물론 눈을 똑바로 바라보지 않는다고 해서 단순히 수줍음 많고 소심하다고 볼 수만은 없다. 상대가 싫을 수도 있고, 그 상황에서 빨리 벗어나고 싶거나 생각이 딴 곳에 가 있을 수도 있다. 특히 거짓말을 할 때 눈을 못 마주친다고 하지만 이는 오해에 불과하다. 오히려 상대가 거짓말을 믿고 있는지를 확인해야 하기 때문에 눈을 더 똑바로 바라보기도 한다.

따라서 시선의 방향이 커뮤니케이션의 전부는 아니지만 상대의 의도를 파악하는 데 중요한 단서가 되는 것은 분명하다. 시선을 비롯해 보디랭귀지, 대화 내용까지 모든 요소를 종합적으로 판단하려는 노력이 필요하다.

🎙 아이 콘택트의 중요성

시선에 많은 단서가 들어 있다는 말은 커뮤니케이션에서 시선의 중요성이 크다는 말과 일맥상통한다. 원만한 관계 형성을 위해서는 상대와의 적절한 눈 맞춤이 필요하다. '나는 지금 당신의 말에 귀 기울이고 있습니다. 그 이야기는 굉장히 흥미롭네요'라는 메시지를 말로 하는 것이 아니라 눈(시선의 방향)으로 표현하는 것이다. 나의 진실성과 자신감을 어필하기 위해서도 아이 콘택트는 필수 요소에 속한다. 또한, 상대가 내 말을 어떻게 받아들이고 있는지, 그래서 대화의 방향을 어떻게 이끌어나가야 할지를 모니터링하기 위해서도 아이 콘택트는 중요하다.

진정한 리더십이 발현되기 위한 여러 요건의 핵심에도 아이 콘택트가 있다. 진정으로 마음이 통하는 리더임을 어필할 때는 백 마디 말보다 진심을 담은 눈빛이 훨씬 더 효율적인 전달 수단이 된다. 반대의 예로, 역사 속 독재자들은 대중 매체에서 낮은 앵글로 올려다보이도록 촬영을 해 권위를 만들었다. 동시에 선글라스로 눈을 가려 대중들과 감정적 소통 창구를 원천적으로 차단시켰다. 정보는 입과 귀로 통하지만, 마음은 눈이라는 창문을 통해 오간다.

한편 비즈니스 상대와 식당에 가보면 그의 또 다른 면을 발견하기도 한다. 식당 종업원의 눈인사를 외면하거나, 반말로 주문하는 사람과는 비즈니스하지 말라는 이야기가 있다. 식당 종업원과 눈을 마주치고 대화를 잘하는 사람은 고객을 끌고 오는 사람이며, 반대로 눈도 안 마주치는 사람은 언젠가 나한테서도 눈도 안 마주치고 떠날 사람이라고들 한다. 물론 여기에 어떤 심리학적 근거가 있다고 보기는 어렵겠으나 그만큼 대화할 때 시선 처리는 신뢰감 형성에 큰 비중을 차지한다는 뜻으로 해석할 수 있다.

그렇다면 대화를 하면서 상대를 어떻게 봐야 할까? 아이 콘택트를 하라고 해서 반드시 상대의 눈만 뚫어지게 보라는 뜻은 아니다. 내 인상과 눈매에 따라 호전적으로 보일 수도 있고 도전 혹은 적개심, 반항, 의심 등을 갖고 있다는 오해를 살 수도 있기 때문이다.

🎙️ 상황별 아이 콘택트 방법

① 일반 대화 시

대화를 할 때는 상대의 눈을 보되 코와 귀, 입술, 턱 등 상대의 얼굴을 고루 봐야 한다. 이는 빠르게 친밀감을 형성하는 방법이기도 하다. 실제 커뮤니케이션 훈련 과정에서 서로 마주 앉은 다음 눈을 감고 있는 상대의 머리부터 눈, 코, 귀, 입 등 얼굴 각각의 부위를 유심히 보게 한다. 교대로 눈 감은 상대를 관찰하게 한 후 대화하게 하면 이전보다 훨씬 더 깊은 친밀감을 느끼게 된다.

② 강의·연설·발표 시

강의나 연설, 발표의 경우 1:1 대화와는 시선 처리 방법이 완전히 다르다. 이 한 가지만 기억하면 된다.

'1 message per 1 person(메시지 하나당 한 사람을 보라)'.

이때 '하나의 메시지'라고 함은 반드시 '한 문장'을 의미하지는 않는다. 예를 들면 자기소개를 할 때 태어난 곳, 성장 환경, 졸업한 학교, 지금 하는 일 등의 내용에 따라 적절히 고개를 돌려 각기 다른 사람과 눈을 마주치며 이야기를 이어나가는 식이다.

그러나 문장이 바뀔 때마다 매번 다른 사람을 보게 되면 대중은 오히려 불안하고 산만한 느낌을 받을 수 있으니 주의해야 한다.

🎤 아이 콘택트 연습법

낯가림이 심해 상대를 제대로 못 보는 분들이 꽤 많다. 이런 분들은 시선의 방향에 따라 미묘하게 심리가 변하는 걸 느낄 수 있는데, 이렇게 연습해 보면 된다.

먼저 상대의 왼쪽 눈을 보면서 이야기를 해본다. 그다음 오른쪽 눈을 보며 다시 이야기를 이어나간다. 둘 중 어느 쪽이 더 편하게 말이 나오는지 느껴보고 편한 쪽 눈을 보며 대화를 이어가면 된다. 쉽고 단순한 방법이지만 의외로 대화의 긴장을 줄여 주고 어느 정도의 심리적 안정감을 준다. 이를 통해 준비했던 말을 좀 더 편하게 할 수 있게 된다.

평소에도 상대를 보는 훈련을 꾸준히 할 필요가 있다. 기본적으로 상대를 응시하는 훈련인데, 연습은 마주하기 편한 사람, 즉 가족이나 친구를 대상으로 하는 것이 좋다.

먼저 상대가 잠시 눈을 감고 있도록 한 다음 이마를 응시한다. 잠시 후 눈썹, 그리고 눈, 코, 입술, 턱까지 얼굴 부위를 천천히, 또 지그시 바라본다.

스피치 교육 과정에서 교육생끼리 친밀도를 높이는 방법으로 쓰이는 이 훈련은 기본적으로 대화에 있어 긴장감을 완화하고 아이 콘택트를 보다 편하게 할 수 있도록 돕는다.

말하기 전에 충분히 들어라

🎙 경청에도 기술이 있다

> 이순(耳順)
> 예순 살을 달리 이르는 말. '귀가 순해진다'라는 뜻으로, 『논어』「위정」
> 편에서 유래한 말이다. 생각이 원만하여 어떤 말을 들어도 곧 이해가
> 된다는 의미로도 해석할 수 있으나 인생에 경륜이 쌓이고 사려와 판단
> 이 성숙하여 '남의 말을 받아들일 줄 안다'라는 의미로도 볼 수 있다.

어떠한 상황에서든 대화를 성공적으로 이끄는 탁월한 화자들은 모두 저마다의 강점이 있다. 그러나 그들에게는 공통점 하나가 있다. 바로 경청이다. 제대로 들을 줄 아는 사람이 말을 잘하며, 실제 듣는 상대도 그렇게 느낀다.

경청을 단순히 '듣는다' 정도의 의미로만 알고 있었다면 굳이 왜 이런 챕터가 필요한가 의아할 것이다. 남의 말이야 그저 들어주기만 하면 된다고

쉽게 여기지만 경청에도 기술이 있다. 더욱이 말을 잘하기 위해서도 가장 먼저 제대로 듣는 법부터 배워야 한다.

🎤 '잘 듣는다'의 개념

잘 듣는다는 건 '제대로 반응한다'라는 뜻이다. 내가 뭔가를 이야기하면서 상대를 유심히 관찰해보면 그가 내 말을 듣고 있는지, 아니면 다른 생각을 하고 있는지 느낄 수 있을 것이다. 이는 상대방 역시 마찬가지다. 내 표정과 자세, 사소한 반응 하나하나를 보며 자기 말을 어떻게 듣고 있는지를 느끼고, 판단한다.

특히 '저는 말주변이 없어요', '무슨 말을 해야 할지 모르겠어요'라고 자신을 평가하는 사람들이 있다. 이런 사람들도 경청의 기술 한 가지만 잘 배우면 상대가 당신을 '대화가 통하는 사람'으로 느끼게 할 수 있다. 경청의 위력은 생각보다 크다.

🎤 말 한마디 없이 상대가 말하게 하는 경청의 기술

① 고개 끄덕이기와 눈썹 움직이기

기본은 고개를 끄덕이는 데서 출발한다. 끄덕끄덕하며 '아' 하는 감탄사 정도만 써도 좋다. 이 정도는 누구나 할 수 있는 기술이다. 하지만 진짜는 지금부터다. 고갯짓이 익숙해지면 이번에는 눈썹에 신경을 쓸 차례다.

당신이 이야기하면서 단지 눈썹을 잘 움직여 주기만 해도 상대는 이야기에 더욱 쉽게 몰입한다. 이야기를 들을 때에도 마찬가지. 눈썹으로 반응을 보여주면 상대 또한 자기 말에 귀 기울이고 있음을 느낀다.

새로운 주제에 대해서는 눈썹을 살짝 들어 눈을 크게 키워 '더 많은 정보를 기다린다'라는 메시지를 전달할 수 있다. 양 미간을 아주 살짝 찌푸려 눈을 가늘게 뜨면 '나는 당신의 이야기에 집중하고 있다'라는 메시지를 전할 수 있다. 이 두 가지만 기억해도 충분히 경청을 잘한다고 볼 수 있다.

② 심리를 파고드는 전문 스킬, 페이싱(Pacing)

지금부터는 심리적 측면에서 보다 전문가의 영역에 해당하는 스킬이다.

페이싱은 위의 기본기에 보태어 말과 보디랭귀지를 통해 상호 교감을 증폭시키는 역할을 한다. 쉽게 활용할 수 있으면서도 효과는 굉장한 기법으로 다음의 네 가지가 유용하게 쓰인다.

■ 일치시키기(Matching)

마주 앉은 상대가 오른손을 들면 나도 오른손을 드는 식이다. 식사하면서 상대가 먹은 반찬을 뒤이어 따라 먹는다든지, 상대의 행동을 따라 하게 되면 일치감을 느끼고 함께한다는 기분을 갖게 된다.

■ 거울 반응하기(Mirroring)

일치시키기와 같은 맥락인데 이번에는 거울처럼 반응하는 방법이다. 상대방이 오른손을 들면 나는 왼손을 들어 마치 거울과 같은 역할을 하는 것이다.

■ 교차 거울 반응하기(Cross-over Mirroring)

상대방과 서로 다른 신체 부위나 수단을 사용함으로써 맞추는 방법이다. 상대가 머리를 만지면 잠시 후 나는 이마를 살짝 만지는 것이다.

앞의 세 가지 방법은 대화와 병행하면서 무의식으로 공감대를 형성하고 일치감을 갖게 하는 효과가 있다. 즉, 이러한 기술을 잘 활용하면 쉽게 호감도를 높일 수 있다. 다만, 주의할 점은 이러한 행동이 너무 티가 나면 안 된다는 점이다. 오히려 자신을 따라 하는 나의 행동이 불쾌감을 주거나 거부감이 들게 할 수도 있다. 모든 행동을 다 따라 하지 않고 간헐적으로 자연스럽게 해야 한다.

■ 백트래킹(Backtracking)

앞의 세 가지 방법은 행동 스킬에 속하고 백트래킹은 대화 스킬에 속한다. 사용하기 쉬우면서도 매우 강력한 기술이다. 상대가 방금 했던 말의 일부를 되돌려주면 된다.

> 딸: 엄마, 오늘 **학교에서** 있잖아요.
> 엄마: 그래, **학교에서?**

딸이 오늘 학교에서 있었던 일을 엄마에게 이야기하려 한다. 엄마는 딸이 했던 말 가운데 '학교에서'라는 말을 똑같이 따라 했다. 단지 이 정도만으로도 딸은 엄마가 자기 말에 귀 기울이고 있다고 느낀다. 백트래킹의 핵심은 대화 중간중간에 상대가 말한 어떤 핵심 단어를 맞장구치듯이 그대로 되풀이하여 말하는 것이다.

> A: 그래서 그날 결국 나 혼자 **못 갔잖아.**
>
> B: **못 갔다고?**
>
> A: 그렇다니까.

> A: 결국 대화에서 상대의 진심을 이끌어내는 비결은 **경청**이야. 잘 들어주는 거.
>
> B: 우와, 비결이 **경청**에 있었군요? 그렇다면 **경청**에도 특별한 방법이 있나요?

각각의 상황에서 B는 A의 말에서 동사 혹은 단어 일부를 되풀이해서 말하고 있다. 일종의 맞장구다. 뭉뚱그려 '어머 진짜?', '그랬구나'라는 식의 추임새도 맞장구에 속하지만 이렇게 상대가 했던 말의 일부를 돌려주는 백트래킹 방식은 더욱 세련되고 정교한 방식의 맞장구에 속한다.

백트래킹은 무의식을 통해 상대에게 이러한 메시지를 전달한다.

'저는 지금 당신의 말을 경청하고 있어요.'
'저는 적극적으로 이 대화에 참여하고 있습니다.'

그리고 상대는 그런 내 모습을 보며 더욱 신이 나서 대화를 이어가게 된다.

페이싱을 훈련하는 방법은 간단하다. 토크쇼나 토론 프로그램을 보며 인터뷰에 응하는 게스트와 같은 동작을 취해보는 것이다. 행동을 하나하나 따라 하다 보면 게스트가 어떤 생각, 어떤 감정을 느끼고 있는지 자연스럽게 느낄 수 있는데, 이때 자세를 바꾸며 기분이 어떻게 달라지는지 주의 깊게 감각해보면 좋다.

③ 간단히 잡생각을 쫓는 두 가지 방법

아무리 경청을 하려 애를 써도 자꾸 딴생각이 들 때가 있다. 그럴 땐 잠시 자신의 호흡에 집중을 해보면 이내 상대의 말이 귀에 들어오기 시작한다.

또 한 가지 방법이 있다. 눈을 최대한 천천히 감았다가 다시 천천히 뜬다. 다음에는 특정 사물이나 대상을 지정해서 눈을 천천히 감았다 떠본다. 처음에는 이마저도 집중이 어려울 수 있다. 하지만 이 과정을 반복하다 보면 눈에 집중하게 되면서 경청하는 데 도움이 된다.

여러 가지 기술을 나열했는데, 경청의 기술을 제대로 사용하기 위한 핵심은 따로 있다. 바로 상대에 관한 관심이다. 상대에게 관심을 가지면 자연히 그의 어떤 말도 귀 기울여 듣게 된다. 나아가 겸허하고 넓은 마음으로 상대를 있는 그대로 인정하고 이해하며 받아들일 준비만 되어 있다면 굳이 특별한 기술이 없어도 가장 자연스러운 표정과 보디랭귀지가 나온다.

경청에 있어 정작 살펴야 할 부분은 내가 평소에 사람들을 어떠한 마음으로 대하고 있는가에 있다.

마음에까지 가닿는 발성을 연습하라

🎙 스피치 실패의 80%는 이 세 가지 때문

"매번 프레젠테이션을 열심히 하는데도 반응이 시큰둥합니다. 내용은 아무리 봐도 손 댈 데가 없거든요. 먼저 제출한 기획안은 통과가 되었고 심지어 평가도 좋았으니까요. 대체 뭐가 문제일까요?"

"이제 내년이면 저도 서른인데, 아직 연애 한번 제대로 못 해봤어요. 친구들이 저랑 얘기하면 꼭 나무랑 대화하는 거 같대요. 근데, 저도 바꾸고 싶은데 뭘 어떻게 해야 할지 모르겠어요."

스피치의 달인들을 만나보면 각자 저마다의 매력 포인트들이 있는데, 더 깊이 들여다보면 어떤 공통적인 요소들을 발견할 수 있다. 그 요소는 선천적으로 타고나는 것도 아니고 대단히 높은 성취를 요구하는 것도 아니다. 커뮤니케이션에 있어 가장 기본에 속하는, 앞서 이 책에서 설명한 기본기를 그들은 성실히 따를 뿐이다. 상대를 만나기 전 무슨 이야기를 할지 미리 준비하고, 표정과 시선 처리 하나까지 세세하게 신경을 쓰며, 혀끝에 올려놓을 한마디를 위해 신중하게 어휘들을 선택한다. 그뿐만 아니라 자신이 한 말에 상대가 어떻게 반응하는지 열심히 살펴가며 대화의 방향을 수정해 나가고, 그러기 위해 마주 앉은 사람의 말을 경청하고 또 경청한다. 수많은 기술의 나열 같지만 결국 기본기가 잘 갖춰져 있다는 뜻이며, '기본'이라는 말은 이 책을 들고 있는 당신 또한 얼마든지 노력을 통해 가질 수 있는 능력이라는 의미이기도 하다.

한편 말하기를 두려워하고, 번번이 실패한 경험이 많은 사람에게도 마찬가지로 어떤 공통점이 있다. 사례에서처럼 기획안의 평가는 좋았어도 정작 프리젠테이션을 망치는 경우, 여러 상황들이 있겠으나 스피치 역량에만 국한해 본다면 대부분 다음 세 가지 원인 중 하나일 확률이 높다. 그리고 실제 발표 실패의 80%가 이 세 가지 원인에 기인한다.

첫째, 지나치게 작은 목소리. 소리 끝은 화살과 같아서 상대에 가서 닿아야만 효과를 발휘한다. 화살이 제대로 가닿지 못하는 경우는 다시 두 가지로 나뉜다. 하나는 말을 할 때 내뱉는 게 아니라 먹는 경우다. 마치 숨을 들이마시는 듯한 말투로, 들리기에는 마치 말하다 만 느낌을 받게 된다. 활시위를 당기다 말고 놓치는 케이스이다.

활시위(입)를 떠난 화살이 힘을 못 받으면 날아가는 도중에 땅으로 떨어지기도 한다. 심지어 말이 화자의 발등으로 곧장 떨어지는 경우가 다반사다. 거리감 조절에 실패했거나 활의 크기가 너무 작은 나머지 화살이 목표를 향해 날아갈 힘이 부족한 경우이다.

둘째, 평탄한 목소리. 말에도 음치가 있다. 노래를 잘 못 부르는 사람과 마찬가지로 말에 고저장단(高低長短)이 안 된다는 뜻이다. 심금을 울리는 소리와 대비되는 평탄한 소리는 아무런 감정도 담겨 있지 않은 빈껍데기처럼 들린다. 정보만 있을 뿐 감정이 빠진 소리는 호소력이 떨어질 수밖에 없다. 그래서 설득은커녕 단순한 정보마저도 제대로 전달하거나 각인시키지 못한다.

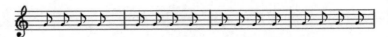

감정이 빠진 목소리는 높낮이 변화 없는 악보와 같다

다만 한 가지 예외는 있다. 높낮이가 없어도 감성적으로 들리는 단 하나의 소리. 바로 처녀귀신의 울음소리이다. 높은 음역대의 소리가 아주 느릿한 속도로 전달되면 감성적으로 들리기도 한다. 이때 전달되는 감성이 정작 대중들에게 좋게 들리지 않는다는 점이 문제이지만 말이다.

셋째, 지나치게 무미건조한 목소리. 물기 하나 없이 바싹 마른 모래는 바람이 불면 쉽게 흩어져버리고 만다. 사막에서는 제대로 된 꽃나무가 자라기 어렵듯이, 모래처럼 건조한 목소리도 마찬가지로 감정이라는 꽃을 제대로 피울 수가 없다.

아무 표정 없는 얼굴로 하는 "와, 재밌다"라는 말이 정말 재밌어하는 반응으로 느껴지지 않는 것처럼 무미건조한 목소리는 오히려 비아냥으로 들리거나 '대체 언제 끝나? 우리 다른 얘기하자'라는 뜻으로 들릴 수 있다.

말에도 표정이 있다. 정말 재밌고 신나는 반응은 톤부터 다르다. 말의 음치에 속하는 평탄한 목소리와 무미건조한 목소리의 차이는 표정, 정확하게는 얼굴 근육에 있다. 얼굴 근육을 적절히 컨트롤하지 못하면 제대로 된 소리가 나오질 않는다.

예를 들어 사극에 흔히 나오는 이 대사를 따라해 보면 이해가 빠르다.

"이놈! 네 죄를 네가 알렸다!"

이 말을 활짝 웃는 표정을 지으며 읽어보라. 어떤 느낌인가? 그리고 이번에는 정말로 대역 죄인이 앞에 있는 것처럼 잔뜩 분노한 표정을 지으며 다시 읽어보라. 목소리 톤의 변화를 느낄 것이다. 차이는 얼굴 표정뿐이다. 요컨대 표정만 바꿔도 목소리에는 변화가 생긴다.

앞선 사례에서 연애를 못 한다는 친구를 주변에서는 '나무와 대화하는 것 같다'라고 표현한다. 그가 말을 표정 없이 무미건조하게 반응하고 있으며, 상대는 마치 나무 기둥에 대고 혼잣말을 하는 기분을 느끼고 있음을 보여준다.

청중을 매료시키는 스피치 전문가들의 숨은 비밀 중 하나는 바로 목소리다. 매력적인 목소리는 본인의 음색과 상황에 맞게, 또 전달하고자 하는 내용에 맞게 적절한 소릿값을 가지고 상대에게 정확히 도달한다. '매력'이라는 말은 모호하지만 '매력적인 목소리'의 정의는 매우 구체적이다.

흔히 목소리는 타고나야 하는 영역으로 오해를 하는데, 그렇지 않다. 누구의 목소리인지 구분이 가능하게 하는 고유한 음색은 바꾸기 어렵다. 하지만 그 어떤 음색이라 할지라도 제대로 된 방법만 익힌다면 누구라도, 얼마든지 내게 어울리는 매력적인 목소리를 가질 수 있다.

그렇다면 매력적인 목소리란 무엇인지, 또 어떻게 만드는지 구체적으로 알아보기 이전에 먼저 지금의 내 목소리 상태는 어떤지, 또 남들은 내 목소리를 어떻게 듣고 있는지를 알아볼 필요가 있겠다. 변화하고 발전하기 위해서는 현재의 상태를 파악하는 것이 먼저다.

하지만 그 파악이 생각처럼 쉽지는 않다. 말하는 목소리가 작고 평탄하며 건조하다는 단점을 정작 스스로는 잘 알아차리지 못하거나, 혹은 알아도 쉽게 고치지 못한다. 방법을 몰라서기도 하지만, 애초에 자기 목소리를 자주 들을 기회가 없기 때문이다. 방송인이라면 모니터링을 통해 자신의 목소리를 자주 들어 익숙하지만, 일반인은 그럴 기회가 거의 없다.

🎤 내 목소리를 바꾸는 가장 좋은 방법, 녹음하기

강의를 하다 녹음된 본인 목소리를 들려주면 "제 목소리가 이래요?" 하고 놀라는 경우를 많이 본다. 늘 듣던 음색일 텐데 자기 목소리는 왜 어색하게 들리는 걸까?

사람의 목소리는 성대의 진동이 공기를 통해 상대의 귀로 전달된다. 음파가 고막을 진동시키며 발생된 신호는 달팽이관을 거쳐 전기신호로 바뀌어 청신경을 거쳐 대뇌로 전달된다.

공기를 통해 전달되는 이 방식을 '공기 전도'라 한다. 자기 목소리도 일부는 이 공기 전도를 통해 들린다. 다만 목소리를 낼 때 성대의 진동은 주변 조직에도 동시에 전달이 된다. 이 진동이 두개골을 통해 귓속으로 전해져 대뇌에 이르게 되는데, 이를 '골전도'라고 한다.

공기 전도와 골전도, 이 두 가지 경로로 전해지는 소리가 합해져서 자기 목소리로 인식되는데 이때 뼈와 조직을 타고 전달되는 골전도 소리가 더 크게 들린다. 그래서 녹음된 소리에는 공기로 전도된 소리만 기록되어 있기 때문에 정작 본인에게는 어색하게 들릴 수밖에 없다.

게다가 녹음된 소리를 통해 평소 자각하지 못했던 습관들이 비로소 들리기도 한다. 말할 때마다 '에' 하고 지나치게 뜸을 들인다든지 추임새를 자주 넣는다든지 특정 단어를 지나치게 반복하는 등 평소엔 몰랐던 습관들이 발견되면서 더욱 낯설게 느껴진다. 영상으로 발견할 수 있는 습관은 훨씬 더 많다. 스피치 능력을 키우고 싶다면 먼저 본인의 커뮤니케이션 자세가 어떤지 단계별로 영상으로 남겨 보라고 권하는 이유다. 자신의 모습을 객관적으로 기록하고 분석한다면 발전도 더욱 빠를 수밖에 없다.

녹음이나 영상 촬영과 같은 절차 없이 간단하게 자기 목소리를 확인하는 방법도 있다. 양 손바닥을 가지런히 편 다음 살짝 오므려서 양쪽 귀 뒤에 갖다 댄 채로 말을 해보면 실제 남들이 듣는 내 목소리가 어떤지 확인할 수 있다. 다음 사진과 같이 하면 된다.

▲ ① 양손을 오목하게 모은다   ▲ ② 모은 손으로 귀 뒤를 감싼다

좋은 소리를 내라

🎤 매력적인 목소리의 기준, 발음과 발성

매력적인 목소리를 분석하는 여러 기준과 항목이 있겠으나 크게는 두 가지로 나눠서 설명할 수 있다. 발음과 발성이다.

① 발음

제대로 된 소리를 내고, 또 전달하기 위해서는 발음하는 방법부터 알아야 한다. 발음은 혀의 위치에 따라 구분할 수 있는데, 크게 세 영역으로 나눈다.

전설음	혀를 윗니 바로 뒤에 두고 내는 소리
중설음	혀의 위치를 입천장 중간에 두고 내는 소리
후설음	혀를 목 안쪽 가까이 두고 내는 소리

전설음은 사전적으로는 혀끝을 비교적 빠르게 떨면서 내는 소리라고 정의하는데, 혀를 윗니 뒤에 두고 내는 소리라고 이해하면 쉽다. 중설음은 혀가운데 부분으로 공기가 나가면서 나는데, 종성 'ㄹ'을 제외한 모든 자음이 중설음에 속한다.

후설음은 영어에서 [r] 발음을 낼 때의 소리인데, 중국어에도 후설음으로 내는 발음이 많다. 혀끝이 아니라 혀뿌리가 목 안에서 나오는 듯 중후한 느낌을 준다.

전설음과 중설음, 그리고 후설음 가운데 어떤 소리가 좋은가에 대한 정답은 없다. 다만 카리스마와 리더십이 필요한 상황, 또는 신뢰도를 높이고 싶은 상황에서는 후설음이 도움을 준다. 특히 우리나라 사람들은 중저음의 소리를 좋아하는데, 배우 중에서는 이병헌 씨가 대표적인 중저음의 목소리를 가지고 있다. 목소리에 깊이가 있다 싶으면 대체로 후설음을 잘 내는 사람이라 보면 된다.

그러나 어린아이를 대할 때나 친근함을 주고 싶을 때는 전설음과 같이 비교적 가벼운 소릿값이 더 유용하게 쓰인다.

② **발성**

매력적인 목소리를 내고자 한다면 발음에도 신경 써야 하지만 애초에 소리가 어디에서 시작되는지에도 주의를 기울여야 한다. 사람의 몸에는 크게 네 군데에 스피커가 있다. 첫 번째, 머리에서 내는 두성음에는 진동이 느껴진다. '음, 으음' 하는 소리를 내다 보면 비강이 열려 소릿값이 올라와 두성음을 쉽게 낼 수 있다. 듣는 이로 하여금 신뢰감을 주기 때문에 주로 방송용 멘트, 프레젠테이션을 할 때 적합한 소리다.

아이들의 얇고 가느다란 소리는 목에서 나온다. 아이들은 성대가 성인에 비해 짧으며 벌어지는 폭도 상대적으로 좁다. 호흡 또한 짧아 말을 할 때 목에 힘도 많이 들어가게 된다. 아이들이 인사를 할 때 흔히 "안녕하 (짧게 숨을 쉰 다음) 십니까?" 하고 중간에 숨을 쉬는 이유도 호흡이 짧기 때문이다. 성인이 되어서도 호흡이 부족한 경우 유산소 훈련만 받아도 목소리가 개선되기도 한다.

> **Tip** _ 호흡을 개선하는 생활 트레이닝
> 1층부터 계단으로 걸어 올라가다가 3층에서 잠시 멈춰 10초 동안 숨을 참는다. 이때 심장이 터질 듯하면서 폐활량이 커지게 된다. 첫날은 10초, 다음 날은 15초, 17초…. 점차 시간을 늘려가며 훈련한다.

가슴에서 나는 소리는 굉장히 매력적이다. 횡격막에 호흡이 모아졌다는 느낌으로 내는 흉성은 호흡과 함께 전해지는데, 이때 감정도 함께 전달된다. 즉, 상대의 마음을 움직이고자 할 때는 가슴에서 우러나오는 소리가 효과적이다. 대표적인 흉성 창법 가수가 바로 백지영 씨이다. 노래 실력은 절대적 수치로 나타낼 수 없지만 감정 전달 측면만 보자면 백지영 씨의 노래가 호소력 짙게 들린다는 점에 누구나 동의할 것이다. 흉성, 말 그대로 가슴으로 부르기 때문이다.

지난 4월에는 21대 국회의원 선거가 있었다. 이번 선거는 코로나19 바이러스의 여파로 비교적 조용한 선거가 치러졌는데, 지역마다 차이는 있었겠지만, 거리 유세 차량도 거의 찾아보기 힘들었다. 그래도 간혹 거리에서 선거 유세를 들을 수는 있었는데, 사실 관심을 두고 귀를 기울여도 어쩐지 귀에 잘 들어오지 않았다. 대부분의 선거 유세가 높낮이로만 공약을 강조하기 때문이다. 고음을 통해서도 감정적인 호소는 가능하다. 그러나 무조건 소리만 지른다고 해서 호소력이 생기진 않는 법이다.

긴 이야기를 이어갈 때는 소리의 높낮이보다는 호흡과 말의 강약이 더 중요하다. 고음과 저음의 상하한선을 두고 그 영역에서 벗어나지 않고 말할 때 절제미가 더해지면서 더 강한 호소력이 생긴다. 이때도 흉성, 즉 가슴으로 말하면 유권자의 마음에 한 발자국 더 가까이 다가갈 수 있다.

마지막으로 복식, 즉 배에서 나오는 소리는 안정감을 준다. 복식 호흡이 가져다주는 안정감은 마인드 컨트롤에도 상당한 도움이 된다. 호흡만 잘해도 대화가 옆길로 새지 않고 집중력을 유지할 수 있으며 강의나 연설을 할 때도 덜 긴장하게 된다.

다만 문제는 잠시 노래할 때라면 몰라도 일상에서 늘 복식으로만 말하기는 어렵다는 점이다. 기본적으로 하체 근육이 탄탄해야 소리도 무게감을 가지고 진중하게 잘 뻗어나간다. 성악이 주는 중후한 느낌을 떠올려보면 이해하기 쉽다. 그래서 말에 무게를 주거나 호소력이 필요할 때는 복식으로 소리를 낼 필요가 있다.

🎤 <u>언제, 어떤 소리를 내야 할까?</u>

두성이든 흉성이든, 발성 위치 자체는 좋고 나쁨이 없다. 대상과 상황에 따라 다를 뿐이다. 상대가 주로 목을 많이 쓰며 대화를 한다면 나 역시도 목으로 소리를 낼 때 서로 편안함을 느낄 수 있다. 오히려 복식이나 두성으로만 말을 한다면 뭔가 안 맞는다는 느낌을 줄 수도 있다. 말의 내용뿐 아니라 소릿값에서도 공감대를 형성하는 것이 중요하다는 뜻이다.

면접이나 회의에서 회사 중역과 대화를 할 때는 대체로 낮은 음색에 속도도 살짝 늦춰서 말하면 공감대 형성이 쉬워진다. 그렇다고 해서 모든 면접과 회의 상황에서 이렇게 말하라는 뜻은 아니다. 말의 속도와 상대의 호흡, 음의 높낮이를 유심히 관찰한 다음 맞춰가야 한다.

또한, 소릿값은 때에 따라 변화도 필요하다. 행사에서 안내 방송을 하는 경우 처음에는 목으로 소리 내며 가볍게 시작하면 좋다. 처음부터 지나치게 무게를 잡으면 오히려 기대치만 높아지고, 시간이 지날수록 피로감만 더해질 수도 있기 때문이다.

물론, 시작은 가벼웠더라도 국기에 대한 경례라든가, 순국선열에 대한 묵념은 당연히 진중하게 해야 한다. 보통은 흉성이나 두성을 쓰는데, 복식으로 말하면 깊이를 더해주어 더욱 엄숙한 느낌을 준다. 내빈 소개를 할 때는 다시 분위기를 살짝 띄워주는 것도 괜찮다.

이렇듯 행사 전반에 걸쳐 똑같은 톤의 목소리를 내는 것이 아니라 내용에 따라 변화를 주면 무의식중에 식순의 변화와 함께 다채롭다는 느낌을 받을 수 있다.

내용에 어울리는 발음은 따로 있다

　매일 저녁 뉴스를 진행하는 아나운서나 전문 사회자들을 보면 단순히 '발음이 좋다'라고만 여기기 쉬우나 여기에도 숨은 비밀이 있다. 정보 전달의 효율성을 높이기 위해 또박또박 정확히 발음하는 것은 물론이고, 전달하는 내용에 따라 발음법을 달리한다는 것이다. 즉, 좌우 발음과 상하 발음을 적절히 섞어 사용한다. 그렇다면 여기에서 말하는 '좌우'와 '상하'는 무엇을 의미할까? 음의 높낮이일 것이라고 추측하기 쉬우나, 입 모양의 상하좌우를 의미한다.

🎙️ 친밀감을 형성하는 좌우 발음

　흔히 사진을 찍을 때 웃으라는 의미에서 '스마일'이라고 하는데, 실제 발음을 해보면 마지막에 입 모양이 좌우로 벌어진다. 좌우로 벌어진 입 모양을 유지한 상태에서 말을 하면 소리는 살짝 눌려 옆으로 퍼진 듯한 느낌을 주게 된다. 웃으며 하는 발음인데, 이것이 청중에게 친밀감을 주는 효과가 있다.

> 안녕하십니까? 오늘도 저희 백화점을 찾아주신 고객 여러분께 진심으로 감사의 말씀을 드립니다.

서비스 접점에서 좌우 발음은 비록 메시지 내용 자체는 공식적이더라도 고객에게 친근하게 다가설 수 있도록 돕는다. 다만 시종일관 좌우 발음만 사용한다면 브랜드의 고급스러움을 전달하기는 어렵다. 다소 가벼운 느낌을 줄 수도 있기 때문이다. 따라서 좌우 발음은 대개 인사와 가벼운 안내 멘트 정도에만 쓰인다.

🎙️ 전문성을 나타내기 좋은 상하 발음

> 정보통신 기술 관련 공식 세미나에 참석해주셔서 대단히 감사합니다. 오늘 세미나는 정보통신 기술 융합으로 이뤄지는 차세대 산업 혁명, 즉 4차 산업혁명을 주제로, 이와 관련한 다양한 기술 혁신에 대한 방향성 모색을 하고자 마련된 자리입니다.

전문 분야나 제품 설명을 위해서는 감정적인 느낌을 가급적 배제해야 공식적인 자리에 어울리는 전문적 말하기가 가능하다. 이때 필요한 발음이 바로 상하 발음이다.

입을 '아' 하고 벌린 상태에서 손가락 세 개를 세로로 세워 입안에 넣어 보면 자연스레 입 모양이 세로로 모아진다. 상하 발음은 이 정도 간격을 두고 하는 발음이다. 숫자 1의 모양인데, 이러한 입 모양을 통해 전달하는 내용은 전문성이 더욱 부각된다.

좌우 발음	상하 발음
목적은 친밀감 형성	목적은 전문성 강조
모음 'ㅡ', 'ㅣ'	모음 'ㅏ', 'ㅓ'

따라서 전달하고자 하는 내용에 맞게 입 모양을 달리해야 하는데, 정확하게는 모음에 신경을 써야 한다. 모음은 크게 세 가지로 구분한다. 'ㅡ'와 'ㅣ'는 좌우 발음, 'ㅏ'와 'ㅓ'는 상하 발음에 해당한다. 'ㅗ'와 'ㅜ'는 모아주는 발음이다.

Tip _ 정확한 발음의 비밀

어떠한 내용을 전달하든 모음(ㅏ, ㅓ, ㅡ, ㅣ, ㅗ, ㅜ)에만 신경 써서 또렷하게 발음을 하면 정확하게, 효율적으로 메시지 전달이 가능해진다. 흔히 '말을 어눌하게 해요', '발음이 부정확해요' 하는 것도 대개는 모음의 부정확한 발음에서 원인을 찾을 수 있다.

요약하자면 명확하게 메시지를 전달하기 위해서는 모음을 정확하게 발음해야 한다. 친밀감 형성을 위해서는 좌우 발음, 전문성을 강조하기 위해서는 상하 발음을 활용하는 것이 유리하다.

매력적인 목소리를 만드는 훈련법

🎙️ 혀 근육 훈련

혀도 근육이다. 혀 근육이 약하면 소리가 끊어지듯 나는데, 이를 개선하기 위한 훈련법이 있다. 오토바이 시동 소리를 흉내 내는 것이다.

> 부릉부릉부르르르르르르르르르릉

이 소리를 호흡이 닿는 한 최대한 길게 내본다. 이때 소리를 밖으로 강하게 내뱉는다는 느낌으로 한다.

두 번째 단계에서는 높낮이를 주며 소리를 내본다.

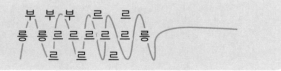

세 번째 단계에서는 속도 차이를 내면서 소리를 낸다.

마지막으로 속도와 높낮이를 같이 조절하면서 소리를 내본다.

🎤 입술 근육 단련 및 호흡 조절 훈련

발음을 정확하게 내기 위해서는 입술 근육이 호흡량을 잡아주는 동시에 강약 조절을 잘할 수 있어야 한다. 입술 근육이 약하면 소리가 제대로 나오지 않고 발음도 흐려지는데, 물을 가둬놓은 댐에서 수문이 약해 물이 새는 것에 비유할 수 있다. 힘을 주어 "파!" 하고 강하게 발음을 해보면 입술 근육이 어느 정도 발달되어 있는가를 알 수 있다.

파! 파! 파! 파! 파!

강하게 "파!" 하고 터지는 듯한 소리는 호흡을 가장 강력하게 내뱉는 발음이다. 이때 입술 근육이 약하면 '파'를 '빠' 혹은 '바'로 소리 낸다. 그리고 몇 회 만에 금방 숨이 차오르기도 한다. 입술 근육이 약해 호흡량을 제대로 조절하지 못해 에너지도 정확하게 전달되지 않는 경우다.

숨을 들이마시고 강하게 "파!" 하고 발음하는데, 이때 목을 열지 않으면 아플 수 있으므로 주의한다.

🎤 흉성 연습법, 자세 교정은 덤

평소 숨을 쉴 때 어디까지 쉬어지는지, 또 말을 할 때 발화 지점이 어딘지를 잘 알고 있어야 때에 따라 필요한 목소리를 자유자재로 낼 수 있다.

우선은 내 호흡이 어디서부터 출발하는지를 알아야 하는데, 가슴에서 호흡을 머금고 있다가 소리를 내는 것이 좋다.

1. 두 발을 가지런히 모았다가 한쪽 발을 바깥 방향으로 90도 틀어준다.

2. 발끝이 닿은 간격만큼 두 발을 벌린다. 이렇게 하면 내 몸의 무게중심을 찾을 수 있다.

3. 다리를 벌린 상태에서 골반은 그대로
   둔 채 상체만 아래로 툭 떨어뜨린다.

4. 이 상태에서 평소대로 숨을 쉬면 숨이 어깨에만 머문다는 느낌을 받게 된다. 호흡
   은 코로 하는데, 숨을 흉부에 꽂아 넣는다는 느낌으로 천천히 열까지 세면서 들이
   마신다. 이때 어깨는 들지 말고 최대한 아래로 늘어뜨리고, 눈은 뜬 상태에서 호
   흡한다.

5. 다시 열까지 세고 잠시 멈춘 다음 "후" 하고 내뱉는다.

6. 다시 한 번 열까지 세면서 숨을 들이마신다.

7. 이번에는 "쓰" 하면서 내뱉는데 이때도 10초를 센다. 10초 동안 숨을 다 내뱉을 수
   있어야 하는데, 숨이 모자라거나 남지 않을 때까지 반복해서 연습한다.

이 훈련을 처음부터 너무 오래 하게 되면 어지럼증을 느낄 수 있으므로
주의하자. 하지만 오래 연습하다 보면 흉성 연습은 물론 자세 교정에도 효
과를 볼 수 있을 것이다.

이야기를 더 맛있게 만드는 세 가지 재료와 조리법

🎙️ 목소리에 매력 더하기

목소리에 매력을 더해주는 세 가지 포인트가 있다.

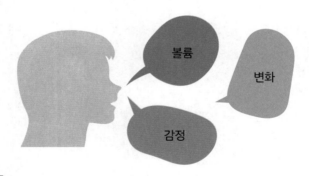

① 볼륨

소리에 볼륨감을 더하기 위해서는 성대를 넓혀줘야 한다. 평소 [r] 발음을 꾸준히 연습하다 보면 성대를 넓혀주며 소리에 깊이감을 더해줄 수 있다.

발음은 입 모양을 의식적으로 크게 하면서 말을 씹어 먹듯이 연습한다.

안 녕 하 십 니 까

음절 하나하나를 또박또박, 씹어 먹는다는 느낌으로 발음한다.

② 변화

다음은 팔을 앞으로 쭉 편 다음 손가락을 다 편다. 내 말이 손가락 끝에 가서 닿는다는 느낌으로 소리를 내본다. 이번에는 팔을 입 바로 앞까지 당겨서 거기에 뱉는다는 느낌으로 다시 말해본다. 이렇게 상대의 거리에 따라 거리감을 조절하는 훈련을 할 수 있다.

말의 맛을 살려주는 볼륨감과 변화를 주는 또 하나의 훈련 방법은 '어흥' 소리를 내는 것이다. 이때 소리가 입에서 수평적으로 나가는 것이 아니라, 정수리에서 마치 분수처럼 퍼진다는 느낌으로 소리를 내본다.

③ 감정

마지막은 감정을 표현하는 방법이다. 말을 하기 이전에 표정을 먼저 지어본다. 이때 표정이라고 하면 단순히 입 모양에 국한되지 않는다. 표정은 눈으로 말하는 것이다. 치아가 살짝 보이면 더 좋다. 이때 두 손을 배꼽 위에 올려놓으면 말에 안정감이 생기면서 풍부한 표현을 할 수 있게 된다.

🎙 이야기를 맛있게 하는 레시피

준비한 이야기를 시나리오대로 잘 전달하려면 다음의 레시피만 잘 기억하고 따라 하면 된다.

① 속도

말의 맛은 먼저 어느 정도 속도로 읽느냐에 따라 달라진다.

> 안녕하십니까 여러분. 만나서 반갑습니다. 아름다운 사람 ○○○입니다.

> (빠르게) 안녕하십니까 여러분. 만나서 반갑습니다. 아름다운 사람 ○○○입니다.

> (천천히) 안 녕 하 십 니 까 여 러 분. 만 나 서 반 갑 습 니 다.
>   아 름 다 운 사 람 ○ ○ ○ 입 니 다.

② 호흡

하지만 결정적 차이는 문장 자체를 어느 정도의 속도로 말하느냐가 아니라 호흡에서 생긴다.

> 오늘 사고는 / 종합운동장 쪽으로 달리던 택시가 / 중앙선을 넘어 마주 오던 승용차를 피하지 못해서 일어난 것입니다.

여기서 사고 피해자는 택시다. 같은 문장을 다른 호흡으로 끊어 읽어보면 어떨까?

> 오늘 사고는 / 종합운동장 쪽으로 달리던 택시가 중앙선을 넘어 / 마주 오던 승용차를 피하지 못해서 일어난 것입니다.

단지 끊어 읽는 위치만 바뀌었을 뿐인데 피해자였던 택시가 가해자가 되어버렸다. 여기서 피해자는 거꾸로 마주 오던 승용차이다.

어디에서 띄어 읽느냐에 따라 우리말은 해석이 완전히 달라질 수도 있다. 그래서 우리 말은 호흡에 따라 내용의 경중이 다르다.

끊어서 읽을 때는 간극에 따라서도 느낌이 달라진다.

안녕하십니까 여러분.//
만나서 반갑습니다.//
아름다운 사람 OOO입니다.

'//' 표시 부분을 어느 정도의 길이로 띄어 읽느냐에 따라 어떻게 달라지는지 직접 소리 내어 읽어보며 느낄 수 있다.

귀에 쏙쏙 들어오는 소리의 비밀은 호흡에 있다. 위 문장에서 '//' 부분에서 숨을 쉬면 지루하게 늘어지는 느낌이 든다.

안녕하십니까 여러분.//
(숨 내쉬기) 만나서 반갑습니다.//
(숨 내쉬기) 아름다운 사람 OOO입니다.

보통 사람들은 말할 때 위와 같은 타이밍에 숨을 멈춘다. 숨을 언제 쉬어야 할지 모르기 때문이다.

(숨 들이쉬기) [안]녕하십니까 여러분.//
(숨 들이쉬기) [만]나서 반갑습니다.//
(숨 들이쉬기) [아]름다운 사람 OOO입니다.

숨을 쉬어야 하는 포인트는 '//' 표시가 아니라 '안', '만', '아' 부분이다. 이때 윗니와 아랫니 사이를 2㎜ 정도 살짝 벌린 다음 '쓰' 하고 숨을 마신다. 숨을 들이쉬면서 이내 '안' 하고 소리를 얹는 느낌이다.

③ 단문

마지막으로 문장은 가능한 한 짧게 구성하도록 한다. 말을 중문, 복문의 형태로 장황하게 이어서 말하면 글로 읽어도 이해하기가 어렵다. 심지어 귀로만 들으면 더 난해하다. 말을 길게 늘어뜨리지 않고 짧게 끊어서 하면 듣기에도 편하고 이해하기 쉬우며 말을 할 때도 호흡이 부족해질 염려가 없다.

대화의 55%는 몸이 전달한다

🎙 말로는 표현되지 않는 숨은 진심

인류가 처음으로 구술 언어를 통해 의사소통을 하기 시작한 시점은 대략 16만 년에서 35만 년 전으로 알려져 있다. 그렇다면 그 이전에는 어떻게 서로 의사소통을 했을까? 손짓과 몸짓, 발짓, 그리고 얼굴 표정을 활용했다. 보디랭귀지, 즉 몸짓 언어의 기원은 인류의 시작과 함께한다.

보디랭귀지가 대화에 있어 중요한 비중을 차지하는 이유는 인간이 근본적으로 '나와 같은 것을 추구하는' 경향을 가지고 있기 때문이다.* 우리는 태어나는 순간부터 보호자를 비롯한 여러 주변인으로부터 다양한 신호를 받게 된다. 이 신호들이 쌓여 보디랭귀지를 형성해 가는데, 특히 보호자의 몸짓과 습관의 영향을 가장 크게 받을 수밖에 없다. 아기들은 보호자의 표

---

* 워싱턴 대학교의 발달심리학자인 앤드류 멜트조프(Andrew Meltzoff)의 연구 결과이다.

정을 따라 하는 한편 자기 행동을 그대로 따라 하는 사람에게 더 많은 관심을 보인다.

이러한 환경에 따라 자연스럽게 몸의 상태에는 심리가 고스란히 반영된다. 당당하고 자신감이 넘치는 사람과 잔뜩 위축된 사람은 몸의 자세만 봐도 알 수 있다. 비록 입은 거짓말을 하더라도 몸에서는 진실이 적나라하게 드러나기도 한다. 그래서 프로파일러*는 심리를 분석하는 주요 단서 중 하나인 보디랭귀지를 통해 감춰진 속마음을 파헤친다. 그들에게는 0.2초 만에 스쳐 지나가는 미세 표정부터 몸의 방향, 기울기, 팔과 다리의 자세, 발의 방향에 이르기까지 온몸이 단서가 된다.

일반인도 몇 가지 보디랭귀지만 기억하면 흔히 드러나는 심리 정도는 쉽게 파악할 수 있다. 실생활에서 꽤 유용한 보디랭귀지 단서는 다음과 같다.

이를테면 팔짱을 낀다는 것은 일종의 자기방어 심리를 드러낸다. 팔로 몸을 감싸 내부 장기를 보호하려는 몸짓이다. 나의 제안이 마음에 들지 않아 거절하고 싶을 때, 혹은 상대의 기준에서 매우 공격적이라 느껴져 자신을 방어하고자 할 때 주로 이런 자세가 나온다. 이럴 때는 재빨리 대화 주제나 제안 방향, 태도 등을 바꾸는 편이 좋다. 물론 추워서 체온 유지를 위해 팔짱을 끼거나, 습관적으로 팔짱을 낀 것일 수도 있지만 적어도 그런 자세에서 긍정적인 마음이 일어나기는 어렵기 때문이다. 계약서에 사인해줘야 하는 상대가 팔짱을 끼고 있다면 더 어렵게 느껴지지 않겠는가.

---

*일반적 수사 기법으로는 해결되기 힘든 연쇄 살인 사건 수사 등에 투입되어 용의자의 성격, 행동 유형 등을 분석하고, 도주 경로나 은신처 등을 추정하는 역할을 하는 사람. 이때 심리를 분석하기 위한 단서 중 하나로 보디랭귀지가 포함된다.

보디랭귀지에는 본인의 심리가 무의식중에 반영되기도 하지만 동시에, 그 자세가 나타내는 의미가 마주 앉은 이의 마음에도 닿기 마련이다. 잘못을 저질러 진심으로 반성하고 있을 때는 자신도 모르게 두 손이 앞으로 가지런히 모이게 된다. 그런데 잘못을 지적받으면서도 당당하게 어깨를 펴고 고개를 빳빳이 들고 있다면 과연 혼내는 사람에게 어떻게 보일까? 과연 어느 쪽이 더 용서받기 쉬울까?

발표할 때도 마찬가지다. 어깨를 활짝 펴고 바른 자세로 발표할 때와 어깨와 허리가 구부정한 상태로 어정쩡하게 서서 발표할 때, 같은 내용이라 할지라도 신뢰도에 차이가 생길 것이다.

보디랭귀지는 의사소통에서 절반 이상의 비중을 차지한다. 말하는 내용과 몸짓이 일치하지 않으면 신뢰를 얻기 힘들뿐더러 말의 내용이 기억에 남기도 어렵다. 한쪽 손을 턱에 갖다 댄 채 뭔가 생각하는 자세에서 재미있는 이야기를 한다든지, 한쪽 팔을 책상에 올려둔 채 삐딴 자세로 서서 통계나 분석적인 자료를 발표한다면 말의 내용과 비언어가 일치하지 않아 청중의 입장에서는 혼란을 느낀다. 발표자가 적절한 비언어를 쓴다 하더라도 팔짱을 낀 상태에서 듣게 되면 그렇지 않은 사람에 비해 내용을 약 38% 정도 기억하지 못했다는 연구 결과도 있다.

청중의 마음을 움직이는 스피치는 7%에 해당하는 말에 38%의 준언어와 55%의 비언어 요소가 완벽하게 조화를 이룰 때 완성된다.

🎙 스피치의 완성을 위한 비언어 커뮤니케이션 훈련

비언어적 요소를 제대로 활용하려면 먼저 세 가지 핵심 요소를 기억해야 한다. 서 있는 자세와 라인 그리고 손의 위치다. 이 세 가지만 잘 다듬어도 카리스마를 연출할 수 있다.

① 자세

자세의 중요성은 누구나 알고 있지만 컨디션에 따라 본인도 모르게 흐트러지기 쉽다. 스트레스를 많이 받아 간 기능이 저하되면 대체로 몸이 왼쪽으로 치우친다. 구두의 뒷굽도 왼쪽이 더 많이 닳는다. 반대로 심장이 안 좋을 땐 오른쪽 굽이 더 많이 닳아 있다.

바른 자세를 유지하기 위해서는 컨디션을 조절해야 한다. 몸이 편안하면 그만큼 자세도 흔들림 없이 균형을 유지할 수 있다. 바른 자세의 기본은 하체에서 나오는데, 무릎에 힘을 주게 되면 상체가 바로 펴진다. 튼튼한 하체가 상체를 잘 받쳐주면 어깨에 힘도 덜 들어가고, 자연히 긴장감도 덜어져 성대도 비로소 제 기능을 발휘할 수 있게 된다. 한 가지 더 보태자면 배꼽을 등에 붙인다는 느낌으로 살짝 힘을 주는 것이다. 상체를 바로 세우는 데 도움이 된다.

② 라인

몸이 움직일 때 나타나는 라인 또한 스피치에 있어서 매우 중요한 역할을 한다. 특히 남들 앞에 서는 자리에서는 나올 때부터 드러나는 라인이 청중들에게 각인된다. 많은 사람이 쭈뼛쭈뼛 일어나 무대로 나가는 동안 긴장감을 감추기 위해 옷매무시를 가다듬는데, 최소한 이 행동만 하지 않더라도 조금은 더 자신감 있어 보인다.

발표자가 긴장하고 있음은 발소리에서도 티가 난다. 몸이 긴장하고 있어 힘이 들어가 있기 때문에 발소리도 크게 나는데, 청중들은 무의식중에 '저 사람 발표, 왠지 재미없겠다'라는 생각이 든다. 나는 전설의 복싱 선수 무하마드 알리의 명언을 빌어 '나비처럼 날아 벌처럼' 강의하라고 강조하곤 하는데, 걸음이 가벼워지면 없던 자신감도 생기기 때문이다.

▼ 걸음걸이 연습 방법

양손을 깍지 낀 다음 두 팔을 펴서 머리 위로 올리고 걸으면 가볍고 경쾌한 걸음을 만드는 데 도움이 된다. 걸음걸이 하나만 꾸준히 연습해도 의외로 커뮤니케이션에 상당한 자신감이 생기는 경험을 할 수 있을 것이다.

무대에 선 다음 두 번째 보이는 라인은 인사다. 각도보다는 전체 라인과 시간이 더 중요하다. 인사를 할 때는 손안에 달걀 하나가 있다는 느낌으로 가볍게 움켜쥐고 목이 움직이지 않은 상태에서 허리만 굽힌다. 머리까지 숙일 필요는 없다. 이때 자세마다 타이밍도 중요한데, 허리를 숙였다가 너무 일찍 올라오면 가볍다는 인상을 준다. 하나에 숙이고, '하나, 둘, 셋' 하는 동안 멈춰 있다가 다시 '하나-둘-셋' 세면서 일어나면 된다. '하나, 하나-둘-셋, 하나-둘-셋'. 이는 인사를 받는 상대가 나를 볼 시간을 주는 것이다. 모든 보디랭귀지는 움직임 그 자체보다는 잠시 멈춤(Pause)을 통해 정확하게 보여주는 것이 더 중요하다.

③ 손의 위치

다음의 세 가지 손 자세를 보면 어떤 느낌이 드는가? 직접 세 자세를 취하고 말해보자. 어떤 느낌이 드는가?

소리는 손의 위치에 따라서도 달라진다. 셋 중에 가장 안정적인 소리를 낼 수 있는 자세는 세 번째다.

적절한 손 위치를 찾기 위한 방법은 다음과 같다. 배꼽을 기준으로 주먹하나 정도 위 높이에서 양손을 모은다. 이때 손은 공 하나를 쥐듯이 살짝 벌려서 양손 끝만 닿게 해준다. 양팔은 'ㄴ' 자 모양을 유지해준다. 팔꿈치는 옆구리 뒤로 보낼 때 더 날씬해 보인다.

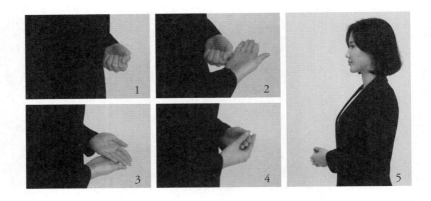

　손 위치를 잘 잡고 싶다면 위의 ①~⑤ 사진대로 하면 된다. 그런 다음 ⑤ 번 자세에서 말을 해보면 차렷 자세에 비해 훨씬 안정적이고 더 큰 소리를 낼 수 있다. 마치 복부에서부터 소리를 펌프질해 올리는 느낌이 들 것이다.

　심리적으로도 손이 아래를 향해 있으면 소심하고 적극성이 없어 보인다. 단지 손을 위로 올리기만 해도 승자의 이미지를 보여줄 수 있음을 잊지 말자.

　이때 양손을 몸 앞으로 모으는 자세는 강한 자신감의 표현으로 '스티플(Steeple) 자세'라고 부른다. 양 손끝을 가지런히 모으거나, 공을 쥔 듯한 자세 등이 모두 스티플에 해당한다.

　아이디어를 낼 때나 상대에게 코멘트를 할 때는 양손을 명치 위쪽으로 다소 높게 위치시키고, 상대의 말에 귀 기울일 때는 복부 쪽 낮은 위치에 손을 두면 된다.

🎙 보디랭귀지를 제대로 쓰기 위한 7가지 기술적 요소

보디랭귀지가 스피치에 제대로 효과를 발휘하기 위해서는 크게 7가지를 고려해야 한다.

첫째는 타이밍이다. 말과 행동 타이밍을 잘 맞추기만 하면 되는데, 크게 신경 쓸 필요는 없다. 오히려 타이밍이 일부러 엇나가게 하기가 더 어렵기 때문이다.

"우리 **잘**해봅시다!"

말과 행동의 불일치는 우스꽝스러워 보일 수 있으며 자칫 거짓말의 징후로 의심받기도 한다. 예를 들면, "네가 범인이지?"라는 추궁에, 피의자가 "아니, 제 말을 못 믿으시는 겁니까?"라고 화를 내며 책상을 내리치는데 이때 '아니'라는 말에 바로 책상을 내리쳤다면 정말 억울하고 화가 나서 한 행동이다. 그러나 책상을 치는 행동이 말보다 한 템포 늦어 서로 일치하지 않는다면 단지 화를 내고 있음을 보여주기 위한 행동, 즉 거짓일 확률이 높다.

두 번째는 보디랭귀지의 모양, 세 번째는 크기다. 이 둘은 동시에 익히면 되는데, '45도', 이 한 가지만 잘 기억하면 된다.

인간의 시야각은 양안을 합쳐 수평으로 180도에 육박한다. 그러나 이는 사물의 움직임을 감지할 수 있는 최대 시야각으로 개인과 성별에 차이가 있다. 일반적으로는 여자가 시야각이 더 넓은 편이다. 눈은 좌우 30도 이내에 있는 사물을 우선적으로 보고, 조금 더 넓혀서 약 60~70도 이내에 대상이 들어왔을 때 편안하게 주시할 수 있다.

그래서 타인 앞에 설 때의 위치와 보디랭귀지의 모양, 크기는 모두 최대 45도를 기준으로 잡으면 된다.

몸 중앙을 기준으로 좌우 각각 45도까지만 몸을 움직여야 자연스럽다. 보디랭귀지의 범위는 이 정도로 한정한다.

이 범위를 넘어서면 지나치게 과장되고 어색해 보인다. 이런 자세는 주로 뮤지컬과 같은 공연에서 쓰이는 몸짓이다. 과장된 제스처를 통해 상황을 더 극적으로 묘사하는 상황에서만 필요한 몸짓인 것이다.

인사를 할 때도 마찬가지로, 발끝의 방향에서 허리를 돌리더라도 최대 45도를 넘지 않도록 하자. 그래야 자연스럽기 때문이다.

▼ 발표자의 황금 포지션

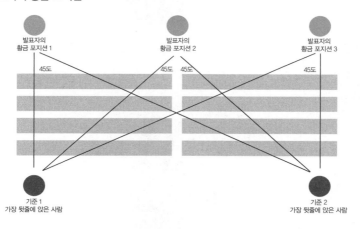

발표할 때의 위치 또한 45도가 기준이 된다. 무대에서 가장 멀리 있는 좌석 좌우측에 앉은 사람 둘을 기준으로 했을 때 황금 포지션은 크게 세 군데다. 이 셋 중 어디에 서 있더라도 청중들은 발표자를 편안한 시야로 볼 수 있게 된다.

발표 시 프레젠테이션 화면을 띄워놓았을 때도 각도를 고려해야 한다.

화면을 가리키며 청중을 등지지 않도록 유의하며, 화면 및 청중과 각각 45도 범위를 지키도록 한다.

네 번째는 제스처의 위치다. 특정 대상을 가리킬 때 팔과 손의 위치만 잘 잡아도 공손한 느낌을 줄 수 있다.

물건이나 장소를 가리킬 때는 이렇게 편하게 팔을 쭉 뻗어서 알려주면 된다.

단, 사람이 있는 곳으로 안내할 때에는 이렇게 손을 받치는 제스처를 취하자. 예의 바르게 보인다.

손윗사람이 장소를 물어볼 때는 한 손을 배 쪽으로 갖다 대면 된다.

마지막으로 보디랭귀지는 길이도 중요하다. 모든 이야기에는 시간과 공간이 같이 존재한다.

"어제는 이랬고, 오늘은 이랬고, 내일은 이럴 것입니다."

이 이야기 손짓으로 위치를 놓으면서 말해보라고 하면 보통은 '어제', '오늘', '내일'의 각각에 손짓을 왼쪽에서 중앙을 거쳐 오른쪽으로 이동할 것이다. 이 정도는 누구나 쉽게 할 수 있을 텐데 여기서 전문가의 느낌을 더하려면 연결 길이를 여유롭게 두면 된다. 한 손을 내밀며 '어제', 나머지 손이 따라가며 '이러이러 했습니다'라고 말하는 식이다. 이때 손이 가는 방향에 따라 상체도 같이 따라간다.

▲ 어제는

▲ 이랬고

▲ 오늘은

▲ 이렇고

▲ 내일은

▲ 이럴 것입니다

▼ 연습 문제

다음의 내용으로 손짓을 연습해보세요.

2년 전 제 발표는 볼품이 없었습니다.

그러나 지금은 역량이 점점 커지고 있습니다.

앞으로 저는 최고의 발표자가 될 것입니다.

🎙 상황별 실전 보디랭귀지 전략

말을 할 때 적절한 손짓은 의미를 더욱 강조하는 동시에 상상력을 높여주고 신뢰와 심리적 동조를 이끌어내는 역할을 한다. 말에 힘을 싣는 손짓 몇 가지를 소개한다.

① 손가락 모으기

"여러분의 뜻을 모아주십시오."

② 허공 쥐기

"자그마한 것이라도."
"여러분, 떨어지는 꽃잎 한 장 잡아보셨어요?"

별것 아닌 듯 보이는 이 손짓 하나가 엄청난 상상력을 불러일으킨다. 왼쪽처럼 팔짱을 낀 닫힌 자세나 밋밋한 차렷 자세로 하는 말과 달리 손짓 하나만으로도 청중은 실제 바람이 날리는 벚꽃 잎을 보는 듯한 착각을 일으킨다.

③ 손가위 동작

"안 됩니다!"

성인을 대상으로 할 땐 손가위를 먼저 하고 잠시 뒤 '안 됩니다'라고 말하면 더 강조하는 효과를 일으킬 수 있다. 그러나 아이들을 대상으로 할 때는 말과 제스처를 동시에 사용해주는 것이 좋다. 호기심이 왕성하고 조급해 차분하게 기다려주지 않는 경우가 많아서이다.

손짓의 높이는 자세에 따라 다르지만 대체로 눈높이를 기준으로 삼으면 된다. 오케이 사인을 보낼 때도 마찬가지이다.

④ 거부하는 손

"여러분 잠시만요."

오른쪽 이미지처럼 양 손바닥을 아래로 향한 채 누르는 제스처를 하면 더 강한 느낌을 줄 수 있다. 특히 술자리와 같이 왁자지껄한 분위기에서 건배를 제안하거나 주의를 집중시킬 필요가 있을 때 순식간에 좌중을 제어할 수 있는 제스처이다.

⑤ 손 찌르기

"바로 그겁니다."
"순간의 선택이!"

손짓을 통해 말의 내용을 더욱 강조할 수 있다. 이때는 시선도 같이 손끝을 따라가 줘야 한다.

⑥ 공중 펀치

"할 수 있습니다."

결의를 다질 때, 주장에 힘을 싣고 싶을 때, 강조할 때 등 다양한 상황에서 쓰인다. 동사를 말할 때 주먹을 불끈 쥐면 된다.

⑦ 초대하는 손과 도움을 구하는 손

"환영합니다."
"어서오세요."

환영의 의사를 표현할 때는 두 팔을 벌리면서 손바닥을 보이는 동시에 몸을 드러내야 한다. 이 동작을 통해 적의가 없음을 나타내고, 상대를 포용할 자세가 되었음을 보여줄 수 있다.

한편 도움이 필요할 때 이런 자세를 쓰는 경우를 보는데, 이때는 오히려 자신의 이익만을 취한다는 오해를 살 수 있다.

"여러분의 도움이 필요합니다."

그럴 때는 두 팔을 'ㄴ' 자로 펼쳐 보이며 손바닥을 보여주면 더 효과적이다. 손으로 제스처를 취할 때 기본은 손바닥을 위로 펼쳐 보이는 것이다. 주로 아이들은 거짓말을 할 때 손바닥을 뒤로 감추는 경우가 많은데, 이는 성인의 경우도 마찬가지다. 손바닥이 감춰져 그의 손등만 보게 되면 육감적으로 거짓말을 하고 있다는 느낌을 받게 된다.

⑧ 세운 손

"이건 아닌 것 같습니다."
"이렇게 하겠습니다."

결단력, 단호함을 보여주고 싶을 때 취할 수 있는 제스처이다. 한쪽 손을 수직으로 세워 다른 손바닥을 내리치며 말한다.

⑨ 손가락 세우기

강조하거나 순서를 열거할 때 손가락을 하나씩 세우는데, 이때도 눈높이가 적당하다.

'둘째'를 표현할 때는 브이 자(V) 모양으로 손가락을 벌리기보다 가지런히 모으는 것이 강하고 정돈된 인상을 준다.

'셋째'를 표현할 때는 위 사진 중 가장 왼쪽의 사진과 같이 세 손가락을 가지런히 모아주는 것이 좋다.

물론 셋째가 마지막 항목이라면 간단히 주먹을 불끈 쥐어서 강조하는 것도 좋은 방법이다.

🎤 손 제스처를 할 때 동작보다 중요한 포인트

손으로 제스처를 보일 때는 동작(움직임) 자체도 중요하지만 잠시 멈춤이 더 큰 역할을 한다. 사람들은 움직임보다는 장면을 주로 기억하기 때문이다. 무대 위에서 모델이 워킹하다 잠시 멈출 때 더 주목을 받는 것처럼 제스처는 움직임보다 잠시 멈춘 자세를 통해 각인된다. 따라서 어떤 손짓을 취하고 나서 마음속으로 '하나, 둘' 하고 숫자를 세고 난 뒤 손을 내리면 된다.

🎤 제스처의 빈도는 어느 정도가 적당할까?

손 제스처는 말의 내용에 따라 적절히 사용해주면 좋지만 적절한 사용 빈도는 상대적이다. 제스처를 많이 사용하는 사람 앞에서 상대적으로 적게 쓰거나 아예 사용하지 않을 경우 소심하다는 인상을 줄 수 있다. 반대로 제스처를 거의 쓰지 않는 사람 앞에서 남발한다면 오히려 산만해 보이기도 한다.

제스처의 적절한 사용 빈도는 '상대가 쓰는 만큼'이다. 핸드 제스처는 대화할 때 맞장구를 치는 것과 같아서 어느 한쪽만 계속해서는 대화의 균형이 잘 맞는다고 보기 어렵기 때문이다.

스피치에
이야기를 입혀라

🎙 메시지에 스토리가 필요한 이유

3.141592653589793238462643383279502884197169399375105820974944592
307816406286208998628034825342117067982148086513282306647093844609
5505822317253594081284811174502841027019385211055596446229489549 3···

'3.14'. 기억력이 좋은 독자라면 눈치챘을지도 모르겠다. 원주의 길이와 그 지름의 비를 나타낸 원주율이다. 지금은 중학교였는지 고등학교였는지 언제 배웠는지조차 가물가물하지만, 아무튼 이 단순한 숫자의 나열을 당신은 얼마나 많이 기억할 수 있는가? 3.14159265··· 아마 잠시라면 꽤 많은 숫자를 외울 수 있을지 모른다. 하지만 시간이 지나면, 아니 잠시 딴생각을 했다가 되새겨 보면 머리에 남은 숫자는 아마 7~8자리를 넘기 힘들 것이다. 실망할 필요는 없다. 기억력이 나빠서가 아니니까. 대부분의 사람이 그렇다. 주민등록번호 뒷자리가 7자리, 군번이나 학번, 핸드폰 번호 등 개인에게 부여되는 번호가 길어야 8자리를 넘지 않는 데에는 다 그만한 이유가 있다.

하지만 이 맥락 없이 나열된 긴 숫자를 외울 수 있는 두 가지 방법이 있다.

첫째, 나열된 숫자를 마치 사진 찍듯이 이미지의 형태로 기억하는 방식.

둘째, 숫자와 단어를 조합해 이야기의 형태로 기억하는 방식.

첫째는 말 그대로 숫자가 적힌 종이 그 자체를 이미지로 저장한다. 가능할까 싶지만, 실제 이러한 방식으로 정보를 기억하는 사람들이 있다고 한다. 둘째는 그나마 조금 더 현실적이긴 하다. 예를 들자면 이렇다.

공식	이야기로 치환
1 = 철수, 가다	
2 = 영희, 인사하다	
3 = 학교, 돕다	3.1415 = **학교**에 **가던 민수**가 **철수를 만나서**···
4 = 민수, 먹다	3　　1　　4　　1　　5
5 = 선생님, 만나다	

1에서 0까지의 각 숫자에 몇 가지 명사와 동사, 형용사 등을 대입한 다음 나열된 숫자에 하나씩 대입해 이야기를 만드는 것이다. 이 방식은 현재 30대 후반 이상이라면 아마 어느 정도는 실생활에 적용해 봤을 것이다. 무선 호출기, 즉 삐삐를 써봤다면 말이다.

발신자가 전화로 번호와 메시지를 남기면 기기에서 '삐삐 삐삐' 하는 전자음과 함께 번호가 표시되었다. 이때 통화 가능한 전화번호를 남기기도 했지만 간단한 메시지를 담은 숫자가 커뮤니케이션 언어로 쓰이기도 했었다.

8282	빨리 빨리(급해)	1255	(내가 있는) 이리로 와
1200	일이 빵빵(지금 바빠요)	100	Back(백, 돌아와)
825	빨리 와	0024	영원히 사랑해

　사진을 찍든, 이야기를 만들든 둘 다 천재의 영역이긴 하지만 이론상으로는 가능하다. 단순 숫자의 나열을 기억하기보다 이야기를 기억하기가 훨씬 쉽기 때문이다. 현관 잠금장치나 통장 비밀번호 등을 생일이나 자신에게 의미 있는 숫자로 지정하는 이유도 이러한 맥락이다. 단순한 정보에 이야기를 입히면 더 오래 기억할 수 있다.

　이러한 원리는 스피치에도 적용이 가능하다. 실제 많은 강사가 이 기법을 강의에 활용하여 교육 성과를 높이고 있다. 바로 전하고자 하는 핵심 메시지에 이야기를 입히는 방식인데, 여기에도 공식이 있다.

🎤 닫혀 있던 마음도 열게 하는 EOB 기법

> 당신의 입술보다 당신의 인생을 통해
> 더욱 훌륭한 설교를 할 수 있다.
>
> ― 올리버 골드스미스

　이야기에는 힘이 있다. 이를 간단히 증명하는 방법으로 수강생들에게 "당신의 증조할아버지를 기억하시나요?"라고 물어보곤 한다. 독립 유공자의 후손이 아닌 이상 대부분은 기억하지 못한다. 하지만 이 질문에는 누구나 쉽게 대답할 수 있다.

"이순신 장군을 아시나요? 세종 대왕은요?"

본인의 직계 가족은 기억하지 못하면서 더 오래전 시대를 산 인물을 우리가 기억하고 있는 이유가 뭘까? 바로 그들에게는 '이야기'가 있기 때문이다.

우리는 하루에도 셀 수 없이 많은 양의 정보를 접한다. 출퇴근하며 보는 간판이며 광고만 하더라도 데이터로 따지면 방대한 양이다. 문제는 이 모든 정보를 다 기억하기는 어렵다는 점. 그래서 뇌에서는 단기 기억으로 흘려보내도 괜찮을 정보와 오래 기억해야 할 정보를 선별한다. 그중에는 의도치 않게, 오래 기억하려 들지 않아도 뇌에 선명하게 각인되는 정보가 있다. 그 비밀은 이야기에 있다. 이를 활용한 것이 EOB 기법이다.

① EOB 기법이란

EOB는 전달하고자 하는 메시지를 이야기로 포장하는 기술을 말한다. EOB 구조는 세 단계로 이뤄져 있다.

E	Example	일어난 사건이나 실화(이야기)
O	Outline	이야기가 말하고자 하는 핵심
B	Benefit	이야기대로 실천했을 때 청중이 얻게 되는 혜택

우선 자신이 알고 있는 짧은 에피소드를 이야기한다. 그런 다음 그 이야기가 전하고자 하는 핵심과 그것을 실천했을 때 얻게 되는 이점을 알려 준다.

② EOB 기법의 예

Example	지난여름 가족과 태국으로 여행을 갔습니다. 여행 중 코끼리를 타고 다양한 체험을 하게 되었는데 5살짜리 막내에게는 코끼리가 그야말로 큰 산이었습니다. 그런데도 고분고분 조련사의 말을 잘 들었습니다. 그런데 저는 그때 조련사가 코끼리를 조련시키는 법에 대해 해준 이야기가 참으로 인상 깊었습니다. "코끼리는 한번 지나간 길은 잊지 않을 정도로 머리가 좋아요. 그래서 어린 코끼리 발목에 쇠사슬을 채워 튼튼한 나무에 묶어놓지요. 코끼리는 어떻게든 벗어나려 애를 써 보지만 번번이 실패하고 차츰 탈출을 포기해 버린답니다. 그 후 어른이 되어 마침내 쇠사슬을 끊을 충분한 힘을 갖췄음에도 불구하고 코끼리는 탈출하지 못해요. 그때는 작은 말뚝에 빈약한 밧줄로 묶어놔도 충분하답니다."
Outline	이렇듯 기억은 때로 성장과 발전의 족쇄가 되기도 합니다. '도전? 벌써 해봤어. 그 일은 안 돼. 내겐 무리라고.' 과거의 도전과 실패의 기억이 다음 도전의 발목을 잡는 것입니다.
Benefit	어쩌면 지금의 도전을 주저하게 하는 것은 타인의 조언이나 어려운 환경이 아니라 바로 나 자신일지도 모릅니다. 여러분! 주저하지 말고 도전하세요.

화자가 하고 싶은 말은 결국 '주저하지 말고 도전하세요'라는 메시지 한 줄이다. 그러나 느닷없이 '도전하세요'라고 말한다고 해서 청중들이 감명을 받고, '나도 지금 당장 도전해야겠다'라고 마음먹을까? 그렇지 않을 것이다. 이때 '도전하라'라는 한 마디에 강력한 힘을 보태주는 것이 바로 '코끼리 이야기'이다.

인간의 뇌에서 측두엽은 이야기를 저장하는 역할을 한다. 이야기로 포장된 교훈과 메시지는 청중에게 훨씬 더 감동적으로 다가간다. 이성, 즉 판단의 영역이 아니라 감성의 영역으로 접근하기 때문이다. 그뿐만 아니라 의식이 아닌 무의식으로, 단기 기억에서 장기 기억으로 접근해 메시지를 더 오래 기억하게끔 돕는다.

이는 인지 치료에서 활용하는 개념인 일화기억(逸話記憶, Episodic Memory)으로 설명할 수 있다. 삽화기억이라고도 하며, 장기 기억의 한 형태로 엔델

털빙(Endel Tulving)이 소개한 개념이다. 일화기억이란 공간과 시간 정보를 포함한 구체적이고 자서전적인 사건들에 대한 기억이다. 그래서 EOB 기법을 활용할 때에는 '언제', '어디서' 그 사건이 발생했는가를 함께 다뤄주면 더 좋다.

이와 대비되는 개념으로 의미기억(Semantic Memory)이 있는데, 이는 언제, 어디서 그 정보를 얻었는지는 알 수 없지만, 뚜렷하게 떠올릴 수 있는 정보를 말한다. 이를테면 한글 창제하면 세종대왕을 쉽게 떠올리지만, 그 정보를 언제, 어디서 습득했는지는 정확하게 기억하지 못하는 것과 같다. 그래서 일화기억은 '기억하다(Remember)'의 개념, 의미기억은 '알고 있다(Know)'의 개념으로 볼 수 있다.

무의미한 사건과 정보의 나열은 청중으로 하여금 기억의 한계에 부딪치게 한다. 핵심은, '우리의 뇌는 이야기를 더 오래 기억한다'라는 사실이다. 영어 단어를 기왕이면 문장째로 외우라고 하는 이유기도 하다. 심지어 행복한 결혼 생활은 공유기억을 이야기로 전환함으로써 애정과 결혼의 가치를 얼마나 자주, 그리고 많이 확인하느냐에 달려 있다고 보는 심리학자도 있다.*

마케팅 영역에서도 스토리텔링은 브랜드 홍보에 도움을 주고, 심지어 제품의 가치까지도 높여준다. '에비앙'은 여느 브랜드와 크게 다를 바 없는 생수임에도 불구하고 약 세 배의 가격이 붙는다. 프랑스 후작이 어느 계곡에서 내려오는 물을 마시고는 앓고 있던 신장 결석이 나았다는 이야기에 매겨진 가치이며, 그 덕분에 전 세계적으로 판매되는 고급 생수가 되었다.

---

*로버트 스턴버그 저, 류소 편역, 「사랑의 기술」, 사군자, 2002.

③ EOB 기법 활용 시 주의점

그럼 모든 메시지에 아무 이야기만 덧붙이면 되는 걸까? EOB 기법을 제대로 활용하고자 한다면 몇 가지에 주의해야 한다.

첫째, 이야기는 전달하고자 하는 메시지와 연관성을 가지고 있어야 한다. '대체 저 이야기는 왜 한 거지?'라는 의문이 든다면 이야기와 메시지가 제대로 연결되지 못한 것이다.

둘째, 주관적인 감정은 가급적 배제하도록 한다. 본인의 생각을 지나치게 강조하면 오히려 몰입을 방해하고 공감을 일으키기 어렵다. 감정적 판단은 청중의 몫으로 남겨두어야 한다.

셋째, 전체 이야기가 너무 장황하면 지루하게만 느껴질 수 있다. 이야기는 1분, 길어도 2분을 넘지 않도록 한다.

넷째, 전체 비중도 중요하다. 예화(Example)를 약 70~80%, 그다음 핵심(Outline)을 10~20%, 나머지 이익(Benefit)을 5~10% 비중으로 말한다. 예화가 너무 길어지면 사담으로 느껴질 수 있다. 반대로 이익에 대한 비중이 높아지면 잔소리처럼 들리기 쉽다.

대상과 상황에 따라 달리 말하라

🎤 3P(People, Purpose, Place)

> 다음 주 수요일에는 교육청에서 주관하는 교수법 세미나가 열립니다. 이번 세미나에는 철학자 ○○○ 박사를 비롯해서 교육대학 ○○○ 총장, 미국 ○○대 교육학 교수 ○○○ ○○○○ 박사, 서울교육청 ○○○ 교육감 등이 강연자로 참여할 예정입니다.
>
> 특히 이날 세미나에는 노벨상 수상 후보인 ○○○ 박사가 '철학이 고등 필수 교과목으로 지정되어야 한다'라는 주장을 펼칠 예정이라고 합니다.
>
> 우리 학교에서는 전 교직원이 빠짐없이 이 세미나에 참석하기로 했으니까 일정에 차질 없도록 준비해주세요.

어느 학교 교장 선생님이 교사들을 대상으로 전달한 내용이다. 만약 당신이 이 학교 교사라면 학생들에게 위 사실을 어떻게 전달할까?

커뮤니케이션을 할 때 가장 먼저 고려해야 할 요소는 대상이다. 청중이 누군지에 따라 전달할 내용과 순서, 목적이 달라지기 때문이다. 대상을 구분하는 기준은 성별, 직군, 나이, 관계 등 다양하다.

대상이 정해지고 나면 대화의 목적을 고려해야 한다. 상대를 설득하기 위함인지, 단순한 정보 전달인지, 혹은 공감을 얻기 위함인지에 따라 내용 구성이 달라진다.

여기에 마지막으로 대화가 이뤄지는 장소까지 포함하여 성공적인 대화를 위한 세 가지 고려 요소를 3P(People, Purpose, Place)라고 부른다.

상대가 누구이며, 어떤 관계인지, 대화의 목적이 무엇인지, 어떤 장소(상황)에서 이뤄지는 대화인지에 따라 같은 내용이라도 다르게 전달할 수 있어야 한다.

▼ 성공적인 대화의 세 가지 요소

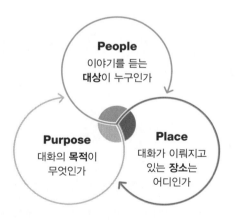

'다음 주 수요일에는 교육청에서 주관하는 교수법 세미나가 열린다.'

이 정보를 학생들에게 전달하라고 하면 보통은 위 내용을 어떻게든 일

목요연하게 정리하려고만 한다. 그러나 과연 학생들이 어디서 무슨 세미나가 열리는지, 누가 어떤 강의를 하는지에 관심을 가질까? 이렇게 얘기해보면 어떨까?

"학생 여러분. 다음 주 수요일은 휴교입니다."

이 한 줄만으로도 충분하지 않을까? 휴교한다는 말에 학생들이 보일 반응은 뜨거울 것이다. 세미나가 열리고, 노벨상 수상 후보가 오며, 철학이 고등 필수 교과목으로 지정해야 한다는 주장 따위의 내용은 그 어떤 교사가 아무리 좋은 목소리, 명확한 발음으로 전달하더라도 학생들로 하여금 그저 그런 시큰둥한 반응을 끌어낼 뿐이다. 학생의 입장에서 가장 중요한 정보는 단지 '다음 주 수요일엔 쉰다'라는 사실 뿐이다. 그런데 한 가지 흥미로운 사실은, 관심을 끌 만한 정보를 먼저 제공하고 나면 청중은 그다음 정보에도 귀를 기울이게 된다는 점이다.

다음 주 수요일에 쉰다는 이야기를 전달하고 나면 학생들은 한참 환호성을 지른 다음 이렇게 물어볼 것이다.

"근데 왜요?"

정보를 전달하기 위해서는 먼저 청중이 들을 준비가 되게끔 만들어야 한다. 그러자면 누구에게, 어떤 목적으로, 어떤 상황에서 이야기를 하게 될지를 먼저 생각해야 한다.

🎤 성별과 직군 등 대상에 따라 달라지는 말의 내용과 순서

대화 상대가 남성일 때와 여성일 때도 대화 내용이 달라질 수 있다. 모든 남자와 모든 여자가 반드시 그렇다는 뜻은 아니지만, 일반적으로 봤을 때 성별에 따라 다른 패턴이 나타난다.

STEP 2에서도 다뤘듯이 남성은 체계화의 뇌를, 여성은 공감형 뇌를 가지고 있다. 남성은 대화에 있어 논리를 중시하는 한편 빨리 결론부터 내리고 싶어 한다. 한편 여성은 대화의 결론도 중요하지만, 그 이전에 공감을 먼저 기대하는 경우가 많다.

가령 어젯밤에 본 드라마에 대해 이야기 나눈다고 할 때, 남자들은 주로 주인공이 어떻게 됐는지, 스토리와 결말에 관심을 가진다. 애초에 드라마를 대화 소재로 삼는 경우 자체가 드물긴 하지만.

"야, 어제 드라마 봤어? 결국, 둘이 다시 만나면서 끝나더라? 내가 그럴 줄 알았다니까."

남성의 대화는 대체로 이 정도에서 끝난다. 드라마 결말에 대해 전달했으니 대화의 목적도 동시에 끝이 났고, 따라서 더 이상의 할 말도 떠오르지 않는다. 듣는 상대 또한 남자라면 이런 대화는 그리 문제 삼을 것도 없겠다. 그러나 상대가 여자라면 '이 남자, 나와 대화하기 싫은가?' 하고 여길지 모른다.

여성은 같은 드라마를 보더라도 관심의 폭이 훨씬 넓다. 스토리는 당연하고, 남자 주인공이 그 장면에서 얼마나 멋있었는지, 여자 주인공이 처한 상황에 나라면 어떻게 했을지, 헤어스타일과 옷차림은 어땠는지, 귀걸이는 어느 브랜드인지, 가격은 얼마인지, 주인공이 저녁 식사를 했던 그 럭셔리한 레스토랑은 대체 어딘지, 기타 등장인물들과의 복잡한 관계부터 장소, 소소한 소품 하나에 이르기까지 모든 것이 대화 소재가 된다.

한편 대화는 직업에 따라서도 내용과 순서를 고려할 필요가 있다. 공무원이나 연구직 등 주로 꼼꼼하고 분석적인 역량을 요구하는 직군 종사자들에게는 가급적 논리적으로 말을 해야 쉽게 알아듣는다. 추상적이고, 비유 섞인 표현이 많아지면 모호하거나 어렵다 여길 수 있다.

대화 주제가 업무의 영역이라면 결론부터 먼저 말하는 것이 좋다. "이번 프로젝트에 대한 구체적 진행 방향에 대한 논의가 필요합니다"라든지, "상반기 매출 보고드립니다"라든지, 무슨 내용의 대화를 나누겠다는 목적이나 결론을 먼저 언급해야 그다음 대화가 매끄럽게 이어질 수 있다. 특히 평소 상사로부터 "도대체 하고 싶은 말이 뭔가?", "그래서 결론이 뭐야?"라는 말을 자주 듣는다면 말의 순서를 다시 점검해볼 필요가 있다.

다른 세대와 원활히 소통하는 법을 익혀라

🎙️ 세대 구분에 관한 두 가지 관점

인간은 사회적인 동물이다. 혼자 동떨어져서는 생존하기가 어렵다. 그래서 개인은 집단을 이루고 문화를 형성하는데, 그 문화는 세대를 거쳐 내려오며 차츰 변화한다. 한 문화를 공유하는 이들을 연령대별로 '세대'라 표현할 만한 공통점을 가지게 된다는 뜻이다. 그래서 '요즘 것들'이라 불리는 신세대는 어느 시대에서나 기성세대와는 다를 수밖에 없다.

그런 점에서 'X세대'니, '밀레니얼 세대'니 하는 말은 어쩌면 어느 한 세대를 이해하기 위한 노력이라 볼 수도 있겠다. '이들 세대는 이러한 특징을 가지고 있다'라고 표현하면 대상에 대한 이해의 범위가 넓어지기 때문이다.

하지만 한편으로 꼭 그만큼의 오해와 편견이 쌓이기도 한다. 'OO세대'라는 표현은 필연적으로 한 개인의 고유한 개성을 고작 몇 가지 특성으로 묶어버리는 오류를 범하게 된다. 이 오류는 때때로 상대에 대한 선입견을 만든다.

　세대를 구분하는 것이 좋은 의미든 나쁜 의미든 구분한다는 자체가 '그들은 우리와 다르다'라는 인식을 전제로 한다. 이 다르다는 인식이 커뮤니케이션 과정에서는 어떤 문제로 나타나는지 살펴보자.

🎙 다름과 틀림

　'서로 존중하고 배려하며 인정하라'라는 말은 실제 관계 개선에 별 도움이 안 되는 조언이다. '나와 남은 서로 다르다'라는 말을 다르게 표현한 것뿐이기 때문이다. 안타깝게도 인간의 뇌는 '다름'을 '틀림'으로 받아들이는 데 익숙하다. 그래서 '다르다'라고 표현해야 할 상황에서도 무의식중에 '틀리다'라는 표현을 쓴다. 좋은 의도로 하는 칭찬일지라도 말이다.

　"저 친구는 우리와는 급이 틀려."
　"저 식당 진짜 맛집이야. 소스부터 틀리다니까."
　"이 책은 깊이가 틀리네. 접근하는 방식부터가 틀려. 놀라워."

　'틀리다'는 어떤 올바른 기준이 있다는 전제가 있을 때 쓰는 말이다. 정답에서 벗어났으며, 올바르지 못하고, 따라서 바로 잡아야 할 잘못이 있다는 의미다.

　'다르다'는 두 대상을 단순히 비교하는 표현이다. 서로 같지 않다는 말이고, 여기에는 어느 쪽이 더 낫다거나 정답이라는 의미가 내포되어 있지 않다.

'다르다'와 '틀리다', 이 어마어마한 차이를 정작 우리의 뇌는 제대로 구분하지 못한다. 그렇다면 틀림으로 인지한 정보를 다름으로 교정할 수는 없을까?

🎤 그랬구나 한마디의 놀라운 힘

상담심리학에서 쓰는 기법으로 교정할 수 있다. 기법이라고 하니 어려울 것 같지만 방법은 간단하다. 상대의 말과 행동에 단지 "그랬구나"라고만 대답하면 된다.

상황을 하나 떠올려보자. 이혼까지 결심한 부부가 마지막으로 관계 개선을 위해 찾은 상담센터에서 심리상담사는 '그랬구나 대화'를 권한다. 상대의 말을 끝까지 경청한 다음 이전처럼 핑계를 대거나, 반박하지 않고 무조건 "그랬구나"라고만 대답하는 것이다.

"나는 그때 당신 행동에 정말 상처받았어."
"그랬구나. 내 행동 때문에 상처를 받았구나."

너무 단순한 나머지 이게 무슨 효과가 있을까 싶겠지만 "그랬구나", 이 한마디의 힘은 어마어마하다. 처음엔 어색하고 어려울 수 있다. 하지만 자꾸 반복하다 보면 차츰 상대를 있는 그대로 수용할 수 있게 된다.

'아, 저 사람은 이렇구나. 이런 상황에서는 이렇게, 또 저럴 때는 저렇게 행동하는구나.' 이러한 인지의 단계를 지나야 비로소 상대는 나와 다름을 알게 된다. '틀림'과 '다름'의 차이를 비로소 깨닫게 되는 것이다.

"그랬구나."

나는 이 한마디가 세대 구분 없이 전 국민에게 유행처럼 번졌으면 한다. 책 한 권에 걸쳐 장황하게 코드나 각종 기법을 설명했지만 서로를 있는 그대로 받아들이기만 한다면 그런 기술쯤이야 조금 서툴러도 괜찮기 때문이다. 대화의 본질은 마음이 어디를 향하느냐에 있지, 기술에 있지 않다.

세대 간의 소통도 마찬가지다. 요즘 것들은 버릇이 없다는 둥 기성세대는 죄다 꼰대라는 둥 서로 선을 긋고 판단하는 대신, '그랬구나'로 시작해 서로를 있는 그대로 받아들인다면 어떨까? 한 사람을 있는 그대로 마음에 품을 수 있도록 나를 크게 키워보면 어떨까? 혹여 누군가 '나 때는 말이야' 하며 꼰대스러운 말로 대화를 시작하더라도, '아, 저때는 그랬구나' 할 수 있다면 스스로 더 큰 사람으로 성장할 수 있는 계기가 되지 않을까?

🎤 관점의 전환, 그리고 수용

"야, 우리 땐 배가 고파서 나무껍질도 잘라서 삶아 먹고 그랬어. 밥 굶어 봤어?"

사실이다. 그랬던 시절이 있었다. 적어도 요즘 밀레니얼 세대들은 밥을 굶진 않는다. 하지만, 그 험난한 시절을 겪어낸 기성세대 못지않게 녹록지 않은 삶을 살고 있다. 대학 진학률은 월등히 높아졌음에도 불구하고 경쟁은 훨씬 더 치열해졌고, 금융위기 이후 고용 불안과 일자리 감소로 하루하루가 불안하다. '열심히'만 살면 내 집 한 칸 정도는 마련할 수 있었던 시대도 지났다. 이제는 '열심히'가 통하지 않는. 노력이 아니라 '노오오오력'으로도 부족한 시대를 요즘 밀레니얼 세대들은 온몸으로 살아내고 있다.

다른 세대를 이해하려는 노력의 출발점은 먼저 그들이 사는 세계를 자세히 들여다보는 데서 시작한다. 그래서 어쩌면 한 세대로 묶이는 그들의 공통적인 패턴을 관찰하고 이해하려는 접근도 필요할 수 있다. 세대 간의 소통도 서로에 대한 관심과 관찰, 그리고 이해가 바탕이 되어야 가능하며, '무슨 세대'라는 구분도 그러한 노력의 일환이 될 수 있다.

그럼에도 불구하고 이해되지 않는 부분이 있다면 '그랬구나' 하며 있는 그대로 수용하면 좋겠다. 이것이 바로 타인의 입장에 놓인 자신을 상상해보는 '관점전환능력'과 '조망수용능력(Perspective Taking Ability)'이며, 이를 통해 상대의 태도나 감정, 욕구를 훨씬 더 쉽게 이해할 수 있다.

한 단어로 축약하자면 '역지사지(易地思之)'이다. 관계의 변화와 개선에 있어 이보다 더 큰 힘을 발휘하는 태도가 또 있을까. 내가 먼저 상대의 입장을 생각해주면 상대도 내 입장을 이해해주기 마련이다. 모든 변화는 나로부터 시작되는 편이 가장 빠르다는 사실을 잊지 말자.

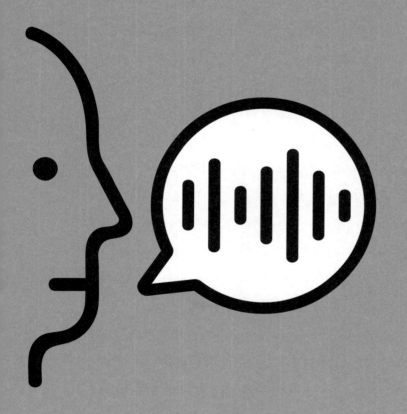

STEP 4

커뮤니케이션 코드
실전 솔루션

대표님과는 말이 안 통해요

문제 상황

　어느 중소기업에서 강의 의뢰가 들어와 사전 미팅을 갔을 때의 일이다. 대표님은 이전 미팅이 늦게 끝나 30여 분 늦게 도착하셨는데, 그 전에 몇몇 임원분과 먼저 인사를 나누게 되었다.

　임원 한 분은 직장 내 소통을 주제로 강의를 요청하긴 했는데, 실은 직원들 간의 소통이 문제가 아니라 대표님과 대화가 안 통한다며 불만이 많았다. 다른 분들도 고개를 끄덕이는 것으로 봐서 일부만 그렇게 느끼는 사안은 아닌 듯했다.

　"이야기를 잘 안 들어주시나 봐요?"라고 여쭤봤더니 또 그렇지는 않다고 했다. 어떤 이야기도 끝까지 들어주시고, 중간에 말을 끊는 법도 없다고 했다. 그런데도 회의에 참석한 직원들은 하나같이 답답함을 느낀다고 했다.

이상하지 않은가. 애초에 귀를 닫은 사람도 아니고, 끝까지 잘 듣는데 대화가 안 통한다니. 그 이유를 대표님이 오신 뒤 몇 분 지나지 않아 알 수 있었다.

강의에 대한 회의가 지속되는 동안 대표님은 내내 팔짱을 낀 채 묵묵히 듣기만 했다. 평소에도 매우 과묵한 성격으로, 꼭 필요한 지시가 아니고서는 대체로 말을 아끼는 편이라고 했다. 그날도 회의 시간 동안 그 어떤 리액션도, 피드백도 없었다. 그리고 가끔 다른 의견이 있을 때면 말이 끝날 때 즈음 미리 손을 앞으로 뻗어 저지하는 듯한 동작을 반복하곤 했다.

커뮤니케이션 코드 솔루션

커뮤니케이션은 상대가 듣게 될 내용에만 신경 쓸 것이 아니라 내가 어떻게 보이는지를 알아야 한다. 특히 리더의 커뮤니케이션 역량은 곧 한 조직의 색깔을 결정하기도 하고, 흥망성쇠의 중요한 키가 되기도 한다.

이 회사 대표의 경우 가장 먼저 팔짱을 끼는 습관부터 고치는 것이 좋다. 귀로 듣고 있다 하더라도 몸은 거부의 의사를 표현하고 있기 때문이다. 팔짱을 낀 상대와 마주하고 있으면 마치 벽을 보고 이야기하는 듯한 기분마저 든다. 더군다나 아무런 리액션도 없다면 말이다.

손을 뻗어 저지하는 동작은 팔짱보다 더 심각하다. 귀로는 끝까지 듣는다 하더라도 손동작을 통해 '잠깐만', '이제 그만해', '내가 말할 거야'라고 끊임없이 신호를, 그것도 매우 강하게 준 셈이기 때문이다. 경청의 기술을 익히기 전에 최소한 비언어적으로 하지 말아야 할 동작만 고쳐도 상대가 느끼는 감정은 크게 달라질 수 있다.

경청은 그리 어렵지 않다. 상대가 말하고 있을 때 가볍게 고개를 끄덕이고, 중요한 메시지에서는 말의 일부를 되돌려 주는 백트래킹만 잘해줘도 충분하다. 그리고 가끔 몸을 앞으로 조금 기울여 주기만 해도 임직원들은 자신들의 말을 대표가 경청하고 있다고 느낀다.

다음으로 말, 즉 쓰는 언어를 바꿔야 한다. 리더로서 갖춰야 할 언어에는 세 가지 요소가 있다. 명확한 캐릭터를 가지고, 스토리에 메시지를 담아 전달할 수 있어야 한다.

대표가 지나치게 말이 많아도 문제일 수 있지만, 그렇다고 너무 없어도 직원들은 거리감을 느낀다. 회사에서 필요할 때, 필요한 말만 하면 그만이라고 생각한다면 '소통'의 중요성을 전혀 모르고 있다는 뜻이다. 어떤 조직도 결국 일의 성과는 사람에 의해 나오는 것이고, 일의 성과가 반드시 이성적이고 논리적인 사고와 판단에 의해서만 일어나지도 않음을 알아야 한다.

위에서 눈치 보고, 밑에서 치이는 중간 관리자의 고충

문제 상황

지난해 과장으로 승진한 김진호(가명) 씨는 이후 회사 생활에 대한 고충이 이만저만이 아니다. 대리로 있을 때는 그저 시키는 일만 잘하면 그만이었는데, 과장이 되고 나서는 윗선에 보고도 직접 해야 하고, 부하 직원들의 업무까지 다 챙겨야 하기 때문이다. 특히 얼마 전 입사한 신입 사원은 하루가 멀다고 사고를 치는데, 원래도 남한테 싫은 소리를 잘 못 하는 성격이라 결과 보고만 듣는 부장의 지적을 혼자서만 오롯이 감내하고 있다.

회사마다, 또 업무 내용에 따라 다르긴 하겠지만 보통 사원이나 대리 직급은 주어진 역할만 제대로 수행해도 일 잘한다는 평가를 받을 수 있다. 그러나 직책이 높아질수록 역할뿐 아니라 직장 구성원들과의 관계에도 변화가 생긴다. 사원과 대리 정도의 직급은 '독립적'인 성향이어도 별 무리가 없는 경우가 많다. 그러나 한 부서를 총괄하게 되고, 상사와의 긴밀한 소통이 필요한 중간 관리자 이상으로 올라가게 되면 관계 지향적인 역량의 필요성을 체감하게 된다. 이전에는 '내게 주어진 역할만 잘 수행하면 된다'에서, 승진 후에는 '우리 조직의 목표'가 무엇인지, 또 그 목표를 수행하기 위해 '구성원들이 어떻게 힘을 모아야 하는지'를 고민할 차례인 것이다.

독립적인 업무 스타일을 가졌던 사람이 상호의존적 성향의 역할을 제대로 수행하기 위해서는 무엇보다 소통 방식의 이해와 변화가 필요하다.

커뮤니케이션 코드 솔루션

① 회사 사람들과 가까워지는 소통의 단계

업무적으로 만난 사회적 관계에서 친분을 쌓기란 쉬우면서도 어렵고, 어려우면서도 쉽다. 한솥밥을 먹으며 공통의 목표를 향해 같이 고생한다는 입장에서 보면 가까워지기에 쉬운 여건이 조성되어 있다. 그러나 서로의 성향 차이를 이해하지 못하고 자기주장만 되풀이하다 보면 직장 동료만큼 서로 스트레스를 주는 관계도 드물다. 이 양극단의 관계를 좋은 방향으로 이끄는 데는 사회적침투이론*이 유용하다.

사회적침투이론이란 관계가 발전함에 따라 대인 간의 커뮤니케이션이 상대적으로 얕고 덜 친밀한 수준에서 더 깊고 친밀한 수준으로 이동해 간다는 내용을 담고 있다. 서로 피상적인 단계에서 친밀한 단계의 자기 노출

---

*사회적침투이론(Social Penetration Theory). 1973년 알트만(Irwin Altman)과 테일러(Dalmas Taylor)에 의해 제안되었으며, 친밀한 관계의 두 개인의 상호작용을 이해하기 위한 이론이다.

을 지속적이고 순차적으로 교환함으로써 보다 긴밀한 관계로 발전해 갈 수 있다. 인간관계에서 거리감은 결국 타인에게 자신을 얼마나 드러내느냐에 따라 결정된다.

인간관계를 양파에 비유하고 있는 사회적침투이론의 단계를 순차적으로 나열하면 크게 다섯 단계로 구분할 수 있다.

- ► 5. 자아(Self)
- ► 4. 나만의 환상, 두려움
- ► 3. 종교적 신념
- ► 2. 피상적 정체성(취미, 선호도)
- ► 1. 외모적 정체성(성격, 외모)

관계는 서로 상호적이다. 나를 먼저 열면 상대도 마음을 열게 된다. 그 전제 조건은 자신을 이해해 줄 수 있는 상대방에게만 자기 이야기를 하는 것이다. 경청의 중요성은 여기서도 또 한 번 강조된다.

② 업무 지시는 구체적으로

회사 내 대화에서는 구성원들이 서로 쓰고 있는 개념의 차이가 어느 정도인지도 확인해볼 필요가 있다.

오른쪽의 과일의 이름을 물어보면 모든 사람이 '파인애플'이라고 대답한다. 그러나 누가 만약 '아나나스'라고 부른다면 어떨까? "마트 갈 때 아나나스 하나만 부탁해"라고 한다면 알아듣고 파인애플을 사 올 수 있을까?

한국인 대부분이 '파인애플'이라고 알고 있는 이 과일은 다른 이름으로 '아나나스'라 불리기도 한다. 그리고 더욱 놀라운 사실은 영어권을 제외한 대부분 국가에서 약간의 발음 차이는 있지만 '아나나스'라 불리고 있다는 점이다.

Croatian	ananas	Esperanto	ananaso
Czech	ananas	Estonia	ananass
Danish	ananas	Finnish	ananas
Dutch	ananas	French	ananas
English	pineapple	German	ananas
Irish	anann	…	…

조직에서는 업무 분야에 따라 수많은 용어와 개념들이 사용된다. 이는 문화권에 따라서도 다르지만, 개인마다 차이를 보이기도 한다.

③ 간장 '조금', 소금 '적당히', 후추 '약간'

'조금'과 '적당히', 그리고 '약간'이 의미하는 실제 양이 모든 요리사에게 모두 같다는 보장은 없다. 업무를 지시하는 데 있어서도 추상적인 용어, 혹은 오해의 여지가 있는 말을 하고 있지는 않은지 살펴야 한다. 업무 지시를 구체적으로 하라는 의미는 언제까지 해오라는 기한 설정에만 적용되는 것이 아니다.

내가 그의 이름을 불러주었을 때

그는 나에게로 와서

꽃이 되었다

- 김춘수, 「꽃」 중에서

조직에서 신뢰를 형성하는 데에는 많은 시간이 필요하다. 여러 사건을 함께 겪으며 차츰차츰 인식하지 못할 정도로 천천히 쌓는 것이 신뢰다. 하지만 그 긴 신뢰 형성의 시간을 조금이라도 줄여 주는 팁이 하나 있다. 김춘수의 「꽃」이라는 시에 그 힌트가 있는데, 바로 그 사람의 이름을 불러주며 대화하는 것이다.

모임에서 딱 한 번 마주친 상대가 다음 만남에서 내 이름을 기억해준다면 어떨까? 이유는 모르겠지만 감사한 마음이 들 것이다. 이것은 나라는 사람의 이름을 기억해주는 것만으로도 존재의 가치를 인정받는 느낌이 들기 때문이 아닐까.

직장에서도 마찬가지다. 그 사람의 이름을 불러주는 것만으로도 직원은 상사에게 인정받는 느낌을 받는다. 그래서 한때 우리나라 기업에서는 직책 대신 'ㅇㅇㅇ 님' 하고 서로의 이름을 불러주는 문화가 잠시 유행한 적이 있다. 수직적인 문화에 익숙한 기업이 많아 그리 오래가지는 않았지만 말이다.

맛있는 그 집에
단골 하나 없는 이유

문제 상황

음식점이 잘되려면 어떤 조건이 필요할까? 당연하게도 음식 맛이 중요할 것이다. 식당은 일단 음식이 맛있어야 손님이 는다. 음식 맛을 살리는 데 중요한 또 하나의 의외의 요소는 인테리어다. 최고급 육질의 한우 스테이크를 허름한 동네 고깃집 분위기에서 먹는다면 과연 그 맛이 날까? 복잡한 도심 한가운데서 마시는 커피와 탁 트인 바닷가에서 마시는 커피 맛이 과연 같을지를 생각해보면 알 수 있다.

동네 음식점들을 보면 비슷비슷한 맛을 내더라도, 어느 가게는 손님이 바글바글하고 또 어디는 한참 식사 시간일 때 가도 한가하기만 하다. 대체 이유가 뭘까?

요식업 분야의 컨설팅을 하는 전문가의 시각에서는 더 디테일한 원인을 분석해내겠지만, 커뮤니케이션 전문가의 눈에도 보이는 부분이 있다. 바로 점주의 표정과 태도다.

학원 근처에는 지인들까지도 인정할 정도로 음식 맛이 꽤 훌륭한 어느 식당이 있다. 그런데 그곳은 점심때고 저녁때고 테이블이 꽉 차는 모습을 한 번도 본 적이 없다. 테이블은 많지만 늘 한가해서 조용히 대화 나누기 좋은 곳이라 이따금 찾는 곳이다. 그래도 몇 안 되는 단골이라 사장님과 친분이 생겼는데, 하루는 매출이 너무 저조하다며 푸념을 하셨다. 최근 동네에 같은 메뉴를 하는 가게가 생기면서 매출이 떨어졌다고 하는데, 실은 그 전에도 손님이 없기는 매한가지였다.

평소 그곳에서 식사하면서 느낀 바가 있어, 이후 사장님의 표정을 유심히 살펴보게 되었는데, 손님이 올 때마다 인사는 하지만 표정에 변화가 없었다. 심지어 손님을 향해 고개도 안 돌리고 테이블 정리만 하거나, 신문을 보면서 손님이 테이블에 앉고 나서야 일어나는 경우도 다반사였다. 음식을 내올 때도 맛있게 드시라는 말 한마디 할 줄 모르고, 계산을 할 때도 '얼마입니다'라는 말이 전부였다.

커뮤니케이션 코드 솔루션

음식점이 단골손님을 만드는 비결은 역설적이게도 음식의 맛이 아니다. 손님을 대하는 점주의 밝은 표정과 태도가 손님으로 하여금 그곳을 다시 찾고 싶게 만든다. 어떤 이는 비즈니스 계약을 할 때 일부러 상대와 레스토랑에 가서 그의 태도를 보기도 한다. 식당 직원을 대하는 태도에 따라 이 사람과 거래를 할지를 결정하는 것이다. 서빙하는 직원과 눈도 안 마주치는 사람이라면 언젠가 나와의 관계도 뒤도 안 돌아보고 끝낼 수 있기 때문이다.

우리는 사람을 대할 때 예절을 중요시한다. 처음 만날 때 인사를 건네고, 대화할 때에도 눈을 마주치며 경청하려 애쓴다. 그것이 대화에 있어 기본 예절이다. 예절은 커뮤니케이션, 원만한 소통, 성공적인 스피치의 다른 이름이기도 하다.

내 가게에 손님이 왔을 때도 마찬가지로 예절이 필요하다. 눈을 마주치며 밝은 인사로 환대하는 것이 손님 접대의 시작이다. 다음은 내가 정성껏 준비한 음식의 제맛을 느낄 수 있게끔 물 한잔부터 먼저 대접한다. 음식이 나오면 맛있게 드시라는 말과 함께 건네고, 계산할 때에는 음식값을 요구하기 전에 맛있게 드셨는지, 음식은 입에 맞으셨는지를 묻는 것이 예의다.

이 기본 예절만 잘 차려도 음식점에는 단골이 하나둘씩 생기기 시작한다. 사실 음식점을 차릴 정도라면 음식 맛이야 최소한 기본 이상은 한다는 뜻 아니겠나. 손님의 입맛을 맞추기 전에 손님의 마음에 들어야 한다.

기업들도 마찬가지다. 과거에는 자사 제품의 기능만을 강조하는 광고가 많았으나 최근에는 소비자들의 심리를 분석하는 데 많은 노력을 기울이고 있다. 그 대표적인 예가 바로 가심비(價心比)다. 이는 서울대 소비트렌드분석센터가 전망한 2018년 소비 트렌드 중 하나로 가격이나 성능보다 심리적 안정과 만족감을 중시하는 소비 형태를 말한다. 가격 대비 성능을 뜻하는 '가성비'에 '마음 심(心)' 자를 더한 신조어다. 실제 2018년 광고회사 HS 애드가 SNS에 올라온 120억 건의 빅데이터를 분석한 결과 2017년 하반기부터 '가심비'라는 단어가 '가성비'의 언급량을 넘어선 것으로 나타났다.

특히 요즘과 같은 저성장 시대에 가심비라는 트렌드는 브랜드의 성패를 좌우할 정도로 중요한 입지를 차지한다. 지갑이 얇아진 소비자들이 대체로 소비를 줄이는 가운데 정말 좋아하는 물건에 대해서는 돈을 아끼지 않는 형태로 스트레스를 해소하기 때문이다. 아무리 경기가 나빠도 잘되는 브랜드가 있고, 거기에는 반드시 그만한 이유가 있다.

일본 교토에는 히이라기야(동가여관, 家旅館)라는 료칸*이 있다. 1818년 개점해 6대째 가업을 잇고 있는 이곳은 주인이 문가에 무릎을 꿇고 앉아 손님을 상석에 앉히고 말을 경청하는 등 일본식 손님 접대의 절정을 보여주는 곳으로 유명하다. 주인뿐만이 아니다. 나카이**라 불리는 직원들은 욕조에 물을 받아주거나 이부자리를 펴주기도 하며, 필요하다면 유카타***를 손수 입혀주기까지 한다. 300년 넘는 세월 동안 만들어진 고유의 문화로 인해 죽기 전 꼭 가야 할 세계 휴양지 목록에서도 종종 거론되곤 한다.

이곳은 직원 선발 기준과 교육 방법이 독특한 것으로도 유명하다. 히이라기야에서 근무하는 직원은 어학 실력은 기본이고 기모노 입는 법, 전통음식을 서비스하는 법도 필수적으로 배워야 한다. 또한, 다음의 세 가지 항목에 있어 항상 준비된 자세를 가져야 한다.

1. 마음이 넉넉하게 길러졌는가?
2. 교토 전통문화 속에서 일하고 싶어 하는가?
3. 사람과의 만남을 즐기고 다양한 시각에서 볼 수 있는 마음의 자세가 되어 있는가?

---

*료칸(旅館): 일본 고유의 숙박 시설.
**나카이(なかい): 요릿집, 유곽 등에서 손님을 응대하는 하녀.
***유카타(浴衣): 기모노의 일종인 일본 전통 의상. 주로 평상복으로 사용하는 간편한 옷으로 목욕 후나 여름에 주로 입는다.

첫 번째도 마음가짐, 두 번째도 마음가짐을 말하고 있다. 세 번째 역시도 사람을 대하는 태도로 발현되는 마음가짐에 대한 내용이다. 이런 상황에서 어떻게 하라는 구체적인 지시가 아니라 마음이 진정으로 손님을 향해 있는가를 보는 것이다.

그래서 히이라기야에서는 직원들에게 자신을 낮추는 법, 듣는 법부터 가르친다. 기본이 되어야 모든 것이 이뤄진다고 여기기 때문이다. 이 모든 교육의 목적은 이곳 히이라기야 료칸의 모토에서 답을 얻을 수 있다.

> 한번 온 손님이 또다시 오시도록 정성을 다해 모셔야 한다.

오늘도 히이라기야에서는 직원들이 가장 외진 자리에서 묵묵히 손님 맞을 준비를 하고 있다. 손님이 안 계실 때도 이 자세에는 흐트러짐이 없다.

음식점을 하면서 이렇게까지 전문적이고 체계적인 시스템을 갖추라는 의미가 아니다. 손님 응대를 위해 스피치 훈련까지 받아야 한다는 뜻도 아니다. 다만, 내가 평소 손님을 어떤 마음으로 대하고 있는지를 먼저 생각해 볼 필요가 있다. 마음이 가는 곳에 말과 행동도 자연스럽게 따라가기 마련이기 때문이다. 우리는 이를 '진정성'이라고 하며, 진정성만 있다면 세세한 응대 예절의 미숙함은 모두 가려지게 된다.

저는 말주변이 없어요

문제 상황

스피치에 대한 가장 흔한 오해 중 하나가 바로 말을 청산유수처럼 유창하게 쏟아내야 한다는 편견이다. 말을 끊이지 않고 계속 이어가는 모습을 보고 말을 잘한다고 느끼며, 그것이 마치 스피치 전문가의 대표적인 이미지라 보기도 한다. 그래서 상대적으로 말수가 적은 자신은 말주변이 없다고 여긴다.

말을 많이 하는 것과 말을 잘하는 것은 엄연히 다르다. 그런데 정말로 말주변이 없는 분들이 있기는 한데, 전문가가 판단하는 기준은 조금 다르다.

회사에서 부장님이 묻는다.
"이번 프로젝트 어떻게 되고 있나?"
김 대리가 대답한다.
"네, 잘되고 있습니다."

퇴근한 남편을 맞이한 아내가 묻는다.
"오늘 어땠어?"
남편이 대답한다.
"그냥, 똑같지 뭐."

당신이 부장이라면, 당신이 아내라면 어떻겠는가? 이런 대답을 듣는다면 과연 어떤 기분이 들까? 아, 이 남자! 어쩌면 좋을까? 대체 뭐가 문제일까?

"어제 저녁 뭐 드셨어요?"

이 질문에 만약 퉁명스럽게 "김치찌개요"라는 짧은 대답만 돌아온다면 어떤 기분이 들까. 어쩌면 대화하기 싫다는 뜻으로 받아들여질지 모른다. 어느 영화배우가 인터뷰를 이런 식으로 해서 화제가 된 적이 있다.

"다시 태어난다면?" - "좋겠다."
"나에게 마흔한 살이란?" - "작년."
"나에게 마흔둘이란?" - "올해."
"나에게 마흔셋이란?" - "내년."

단답형의 대답은 '나는 지금 당신을 상대하고 싶지 않다'라는 뜻으로 받아들여지기 쉽다. 실제 대화하고 싶은 마음이 없을 때 자연스레 이런 표현이 나오기도 한다.

커뮤니케이션 코드 솔루션

의도야 어떻든, 그림에 비유하자면 단답형의 대답은 원 하나에 작대기만으로 그린 사람의 형상에 불과하다. '사람을 그렸구나' 하고 알긴 알겠는데 그뿐이다. 최소한의 식별 가능한 정보만 있을 뿐 어떠한 감흥도, 공감도 일어나지 않는다. 말주변이 없는 사람들의 대화 특징이다.

여기에 머리카락부터 눈, 코, 입, 귀, 손… 하나씩 구체적으로 살을 붙여 나가야 한다.

"어제 저녁 뭐 드셨어요?"

"저는 어제 김치찌개 먹었는데요, 아! 그거 아세요? 김치찌개를 맛있게 먹는 순서가 있대요. 일단 한참 보글보글 끓고 있는 찌개에서 김치 한 점을 건져요. 먹기 좋게 쫙쫙 찢은 다음에 갓 지어서 김 폴폴 나는 밥 위에 척 하고 올리는 거죠. 한참 끓어서 부드러워진 김치랑 같이 한 숟갈 폭 떠서 먹으면 김치의 매운 풍미가 단맛이랑 섞여 입안에서 확 퍼지는데, 캬! 국물은 또 어떻고요. 걸쭉하니, 숟가락으로 뜨면 주르륵 흐르는 게 아니라 뚝뚝 떨어질 정도가 되잖아요? 그때부턴 밥에 넣고 비벼요. 김 가루 듬뿍 넣고 참기름 한 방울 살짝 넣어주면 이걸로 밥 한 공기쯤 뚝딱이죠. 마지막 한 숟갈까지 맛있다니까요."

마치 그림처럼 풍부한 표현과 디테일을 가진 말은 청중의 오감을 자극하며 상상력을 이끌어낸다. 같은 식재료를 가지고 누가, 어떻게 만드냐에 따라 밥상 위에 차려진 하나의 '반찬'이 되기도 하고 근사하게 메인을 차지하는 '요리'가 되기도 하듯이 같은 말도 어떤 식으로 조리하느냐에 따라 달라진다.

풍부한 표현은 처음부터 익히기엔 막연한데, 이런 분들을 위한 훈련법으로 앞서 STEP 2에서 설명한 선호표상채널이 유용하다. 특정 대상이나 상황에 대해 시각적인 표현, 청각적인 표현, 체감각적인 표현, 지각적인 표현을 번갈아가며 쓰는 연습을 하다 보면 자연스럽게 표현력이 풍부해진다.

그대 앞에만 서면
나는 왜 작아지는가

문제 상황

강사나 각종 행사 진행을 전문으로 하지 않더라도 프레젠테이션을 자주 해야 하는 일반 직장인들이 꽤 많다. 발표도 자꾸 하면 는다고 하지만 익숙하지 않은 경우에나 그렇고, '발표 불안'을 가진 분들에게 반복은 그저 되풀이되는 악몽에 불과하다. 남 앞에 자주 선다고 해서 저절로 발표에 대한 공포증이 치료되는 경우는 거의 없다.

강사도 발표 공포로부터 자유롭진 않다. 그들도 결국 사람이기 때문에 남들 앞에 섰을 때 긴장하기는 매한가지다. 거꾸로 전혀 긴장하지 않아도 문제다. 긴장이 풀어지면 흐트러진 모습과 함께 말실수를 할 수도 있기 때문이다.

유난히 긴장을 많이 하는 강사가 있었다. 초보라 그렇기도 하지만 유난히 긴장을 많이 하는 분이었다. 얼굴이 빨개지는 건 둘째 치고, 막상 강의를 시작하면 머릿속이 하얗게 된다. 처음에 멋모르고 시작할 땐 안 그랬는데, 오히려 제대로 공부하기 시작하면서 더 긴장하게 되었다고 한다. 분명 강의는 좋아하는데, 포기하고 싶지도 않다며 어떻게 해야 하나 물어온 적이 있다.

혹자는 이렇게도 말한다. '마음속으로 청중을 깔보면 된다'라고.

"야, 여기 온 사람들 어차피 너보다 몰라. 그러니까 긴장하지 말고 청중들 무시해. 살짝 깔보면서 하면 괜찮아. 그러면 긴장이 덜 될 거야."

일견 그럴듯해 보인다. 그러나 심상은 표정으로, 몸짓으로 그대로 드러난다. 상대를 깔보는 마음으로 하는 강의를 과연 청중들이 알아채지 못할까? 그런 강의가 과연 의미 있을까? 애초에 강의의 의미가 무엇인가. '긴장하지 않으려고' '실수하지 않기 위해' 하는 것이 강의의 목적인가? 강사란 어떤 사람인가. 발표 자리가 많은 일반인도 마찬가지다.

커뮤니케이션 코드 솔루션

스피치는 어떻게 말하느냐가 아니라 어떻게 보일 것인가가 더 중요하다. 발표 불안을 다스리기 위해서는 여러 측면을 다뤄야 하지만 가장 중요한 건 결국 마인드이다. 마음의 시선이 어디를 향해 있느냐가 결과를 크게 좌우한다.

'잘해야지. 틀리지 말아야지. 준비한 내용을 다 전달해야 해.' 이런 생각들은 어깨에 힘이 들어가게 만든다. 그 대신 '오늘 오신 분들에게 무슨 이야기를 전달해드리면 좋을까? 어떻게 하면 이분들을 도울 수 있을까?'라고 생각해 보자. 마음의 방향이 청중을 향하게 되면 놀랍게도 긴장이 줄어드는 것을 알 수 있다.

마음 외에 실제 나의 시선 처리 방법도 다시 점검해볼 필요가 있다. STEP 3의 '아이 콘택트 연습법'도 반복하면 도움이 된다.

내가 긴장하고 있음을 솔직히 인정하는 것도 의외로 큰 도움이 된다.

"오늘 여러 훌륭하신 분들을 모시고 앞에 서니 긴장이 됩니다."

단지 이렇게 말하는 것만으로도 오히려 긴장이 줄어든다. 심리 치료에서도 핵심은 먼저 본인의 현재 상태를 인지하는 것이라고 말한다. '내가 지금 긴장하고 있구나'라고 자각하는 것만으로도 긴장감을 크게 덜 수 있다. 오히려 '긴장하지 말아야 해'라는 부정어는 뇌에서 '긴장해야 해'라고 인식하게 된다. 뇌는 부정어를 인지하지 못하는 까닭이다. 단적인 예가 어린아이에게 물을 한 잔 떠오라고 시킨 다음 "쏟지 마! 절대로 쏟으면 안 돼!"라고 부정적인 명령을 하는 것이다. 그러면 거꾸로 아이가 물을 쏟을 가능성이 높아진다. '물을 쏟아야 해'라고 인식했기 때문이다.

간단하게는 자세만 바꿔도 자신감이 생긴다. 심리 상태가 비언어로 발현되듯이 거꾸로 자세가 심리에 영향을 주기도 한다. 어깨와 몸을 잔뜩 구부린 상태가 오래 지속되면 점점 의기소침해지고 기분이 침울해지는 것을 느낀다.

중요한 발표를 앞두고는 어깨와 가슴을 활짝 펴고, 의자에 앉아서는 일부러 다리를 벌리는 등 몸집을 최대한 크게 만들어두는 것이 좋다.

자신감을 북돋우는 데 STEP 3의 '탁월성의 원' 훈련법도 도움이 된다. 자신감이 넘쳤던 상황을 떠올린 다음 내 발밑으로 가상의 원을 그리고 그 안으로 들어가는 것이다.

앵커링 기법도 긴장을 덜고 자신감을 고취시키는 탁월한 방법 중 하나다. 앵커링(Anchoring)이란 특정 반응을 불러일으키기 위하여 특정 자극을 적용하는 것으로, 자극을 반응과 연결하는 기법을 말한다. 행동주의 심리학에서 말하는 조건형성의 개념에 해당하는데, 인간의 모든 행동은 앵커링의 결과라고도 할 수 있을 정도로 밀접하게 작용한다.

▼ 나만의 앵커링 만들기[*]

앵커링은 단순한 자극으로도 연결할 수 있는데, 먼저 내가 탁월한 성과를 도출하기 위해 도움이 되는 내면적 자원에는 어떤 것들이 있는지를 파악해야 한다. 자신감 외에도 결단력이라든지, 창의력, 평정심 등이 있다.

다음은 과거 그러한 감정이 충만했던 상황을 떠올려본다. 시험에 합격했을 때라든지, 뜻한 바를 이뤘을 때, 그 당시의 기억을 최대한 상세히 떠올린다.

그 당시 느낌, 기분을 충분히 되새긴 다음 엄지손가락 끝으로 검지손가락을 꾹 누른다. 이 행위로 인해 과거 자신감이 충만했던 기분에 손가락 끝의 자극이 닻을 내리듯 연결이 된다.

이후 잠시 다른 생각을 하면서 환기를 시킨 다음 같은 방법으로 앵커링을 시도해본다. 손끝을 꾹 누르기만 해도 자연스럽게 자신감이 생기는 기분을 느낄 수 있게 되는데, 자극이 약하다면 앵커링 과정을 몇 차례 반복하는 방식으로 연결을 더욱 강화시킬 수 있다.

---

[*]조셉 오코너·존 시모어 저, 설기문 외 역, 『NLP 입문』, 학지사, 2010.

부부 및 연인 관계를 하트 모양으로 빚어주는 대화법

문제 상황

하루는 어떤 부부가 함께 찾아온 적이 있다. 그들은 서로 간의 대화에 뭔가 문제가 있다고 했다. 지나치게 무뚝뚝한 남편과 잠시도 말이 끊이지 않는 아내는 누가 봐도 균형이 맞지 않아 보였다.

학원에서 상담하다 보면 가끔은 본의 아니게 심리상담사의 역할을 요구받을 때도 있다. 물론, 전문 지식도 없이 섣부르게 상담을 해주고 있다는 뜻은 아니다. 그저 묵묵히 들어줄 뿐이고, 그중에서 커뮤니케이션에 관련한 부분만 조심스레 조언을 드릴 뿐이다. 비전문가가 다른 분야도 아니고 사람 심리에 함부로 접근하는 행위는 매우 위험하다. 그런데 커뮤니케이션도 마찬가지다. 제대로 배운 전문가가 아닌 사람이 함부로 '말하는 법'에 대해 조언하면 오히려 오해를 사거나 좋지 못한 습관만 생길 수 있다.

현재 자신의 말투는 오랜 습관이 빚어낸 산물이다. 말을 빠르게 쏟아내는 사람, 느릿느릿 말하는 사람, 말에 뾰족뾰족한 가시가 있거나, 내가 손해를 보더라도 남한테 싫은 소리 한번 못하는 사람…. 모두 그럴 만한 주변 환경이 있었다. 당연하게도 무뚝뚝한 남편도 그럴 만한 이유가 있어 습관이 된 것이고, 아내의 화법도 일종의 습관이며 그럴 만한 이유가 있었을 것이다.

> 사람들이 말수가 적은 이유는 할 말이 없어서가 아니라, 상대가 내 말에 관심이 없다고 생각하기 때문이다. 과묵함은 '성격'이 아니라 과거의 인간관계 속에서 기대가 무너져 생긴 '습관'이다.
>
> – 마이클 니콜스, 『대화의 심리학』

여자들이 아무리 요구해도 남자들의 대화량은 턱없이 부족하기만 하다. 남자들이 아무리 노력해도 여자들의 대화 욕구는 채우기가 어렵다. 하루에 쓰는 단어의 수에서부터 압도적으로 차이가 있기 때문이다. 심지어 대화의 방향마저도 다르다. 남자들은 결론 위주로 단순명료한 대화를 선호하는 반면, 여자들은 감정에 대한 공감을 위주로 대화한다. 서로의 균형과 조화를 맞추려는 노력은 기본적으로 성별에 따른 차이를 이해하는 데서 출발한다.

부부, 혹은 연인의 애정 지수를 높이는 데 결정적으로 필요한 것은 서로가 함께한 추억이다. 이를 다른 말로 공유 기억이라고 부른다. 기억은 한 개인에게 있어 정체성을 규정하기도 한다. 정체성을 '나는 누구인가'라는 질문에서 출발한다면 결국 그 해답의 상당수는 과거에서 찾을 수밖에 없다. 내가 누구에게서 태어났고, 어떤 환경에서 자랐으며, 어떤 추억을 가지고 있는가 하는 '뿌리'가 곧 '나'라는 존재의 정체성을 보여주는 요소다.

동시에 '타자'의 기억 또한 '나'라는 존재에 대한 기억과 더불어 정체성을 형성하는 데 기여한다. 타자에 대한 체험과 그로 인한 변화 과정 또한 '나'의 일부분이 되기 때문이다.

이러한 맥락에서 연인 혹은 부부 관계는 사회에서 만난 타인과는 비교할 수 없을 정도로 개인의 정체성에 깊이 관여한다. 따라서 사랑을 매개로 엮인 두 사람의 관계를 더욱 돈독하게 만드는 요소 중 하나도 결국은 함께한 추억, 공유 기억을 얼마나 많이 가지고 있느냐에 달려 있다. 그래서 연애라는 것도 끊임없이 공유 기억을 만들기 위해 노력하고, 과거의 공유 기억을 자주 끄집어내어 함께 되새겨 보는, 그러면서 서로가 함께한 시간과 감정들을 확인하는 과정이라 하겠다.

커뮤니케이션 코드 솔루션

① '인사의약'과 '어생기바'

연인, 부부 사이에서는 서로 아무리 궁합이 잘 맞는다 하더라도 감정이 상하는 일이 생길 수밖에 없다. 서로를 만나기 이전까지 서로 다른 환경에서, 서로 다른 가치관을 형성해 가며 살아왔기 때문이다. 한 번도 싸우지 않은 커플이 드물고, 만약 그렇다면 어느 한쪽은 속병을 앓고 있는 경우가 많다.

때로는 다투고 난 뒤 서로의 애정이 더 돈독해지곤 하는데, 이때는 싸움에도 지켜야 할 룰이 있다. 절대로 헤어지자는 말은 함부로 뱉지 않아야 하고, 아무리 실망하고 화가 나더라도 서로의 자존심은 건드리지 말아야 한다. 그리고 자기 잘못에 대해서는 분명 사과할 줄 알고, 또 용서할 줄도 알아야 한다. 싸움을 더 크게 키우지 않고 끝내기 위한 사과와 용서에도 방법이 있다. 두 가지만 기억하면 된다. '인사의약', 그리고 '어생기바'.

인사의약은 **인**정하고 **사**과하며 상대의 **의**사는 어떤지 묻고, **약**속하는 것이다. 어생기바는 '**어**···'로 잠시 감정을 추스른 다음 **생**각과 **기**분을 말하고 **바**로 결론으로 원하는 바를 말하는 것이다.

▼ 인사의약

[**인**정] "오늘 6시 만나기로 했는데 내가 7시에 왔지?"
[**사**과] "미안해."
[**의**견] 중요한 건 상대의 마음. "네 마음이 어떻게 해야 풀릴까?"
[**약**속] "다음부턴 안 늦을게."

▼ 어생기바

[**어**···] 바로 말을 꺼내지 말고 '어···' 하며 3초간 멈췄다가 사실을 먼저 얘기한다.
    "6시 약속인데 7시에 왔네?"
[**생**각] "내 생각엔 네가 나보다 회사 일을 더 중요시하는 거 같아."
[**기**분] "그럴 때면 소외당하는 기분이 들어서 너무 서운해."
[**바**로] 바로 이야기한다. "다음부턴 안 늦었으면 좋겠어."

② 좋은 관계를 유지하기 위해 필요한 거리

사람과의 관계가 좋을 때 '사이가 가깝다'라는 표현을 흔히 쓴다. 그러나 사람과 사람 간의 거리는 너무 가까워도 문제가 된다. 좋은 관계를 유지하기 위해서는 역설적으로 적당한 거리를 두는 법을 알아야 한다.

서로 침범하지 않는 영역을 남겨둘 필요가 있다

고슴도치는 날이 추워지면 서로 온기를 나누려고 가까이 모여든다. 그러나 너무 가까이 붙으면 서로의 가시로 인해 상처를 입게 된다. 체온을 나누려 가까이 모이지만, 그렇다고 너무 가까우면 상처 입는, 이를 두고 독일 철학자 쇼펜하우어는 저서에 고슴도치 딜레마(Hedgehog's Dilemma)라는 표현을 썼다. 애착 형성의 어려움을 빗대어 표현한 말이지만 인간관계에 있어 이 거리는 오히려 관계 형성과 유지에 더 도움을 준다.

인간은 누구나 자율성에 대한 욕구를 가지고 있다. 하지만 관계의 거리가 좁혀지면 좁혀질수록 오히려 상호의존성이 더 증가한다. 상호의존성은 얼마든지 상대에 대한 과도한 요구, 비현실적인 기대, 참견 등으로 이어질 수 있다. 특히 꼰대들이 '너를 위한 조언'이라는 이름으로 이 영역을 종종 침범하는 실수를 범하곤 한다. 가족이라 하더라도 서로의 영역은 반드시 지켜줘야 한다.

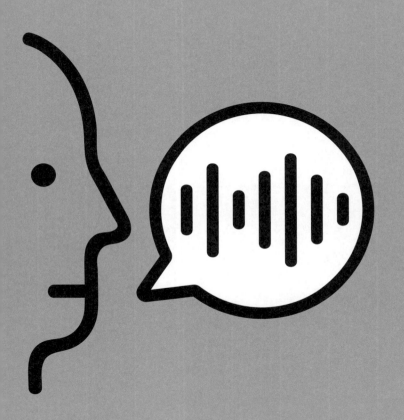

서비스 제공자의
커뮤니케이션 코드

CS 리더의 커뮤니케이션

🎤 CS 리더의 역할

CS(Customer Service, 고객서비스) 리더의 역할은 무엇일까? 관리자와 리더는 어떻게 다른지, 그리고 아마추어와 프로는 어떤 차이가 있는지를 한번 비교해 보자.

▼ 관리자 vs. 리더

개인주의형	관계 지향형
• 눈앞의 이익에 관심을 둠 • 조직원을 감시 • 잘못을 꾸짖음 • 일을 바르게 함 • 권위에 의존 • 공포를 심어줌 • "내가"라고 말함 • 방법을 알고 있음 • "언제, 어떻게"라고 물음	• 미래의 전망을 내다봄 • 직원에게 감사 • 잘못을 고쳐줌 • 바른 일만 함 • 협동에 의존 • 신념을 심어줌 • "우리"라고 말함 • 방법을 가르쳐 줌 • "무엇을, 왜"라고 물음

▼ 아마추어 vs. 프로

아마추어	프로
• 불을 쬠	• 불을 피움
• "난 하고 싶었어."라고 함	• "난 하고 싶었어."라고 함
• 구름 아래 비를 봄	• 구름 위의 태양을 봄
• 생각한 뒤 뜀	• 뛰면서 생각함
• 직책으로 영향력을 행사함	• 삶으로 영향력을 행사함

CS 리더의 역할은 다음과 같다.

첫째, 그룹 요구 사항(Group needs), 작업 요구 사항(Task needs), 개인 요구
사항(Individual needs)을 관리한다.

둘째, 내부 서비스 관리를 한다. 여기에는 서비스 철학과 서비스 신조 등
의 서비스 문화, 서비스 커뮤니케이션 관리와 피드백 신조 등의 서
비스 지도 스킬이 포함된다.

셋째, 서비스 인재 양성자 지도, 서비스 프로세스 이해, 서비스 품질 관
리 등의 고객 서비스 관리를 한다.

넷째, CS 마인드와 스킬 향상을 위한 관련 활동을 한다. 여기에는 서비스 교
육, 이벤트 등의 서비스 캠페인, 서비스 모니터링과 피드백, VOC(Voice
of Customer, 고객불만사항) 관련 교육 활동 등의 서비스 클리닉과 만족도
조사, 모니터링 결과와 같은 서비스 활동 보고 등이 포함된다.

🎙 CS 리더가 가져야 할 10가지 핵심 역량

CS 리더는 어떤 역량을 가지고 있어야 할까?

CS 리더가 가져야 할 10가지 핵심 역량은 다음과 같다.

① CS 리더의 철학

고객과는 수평적 관계이며 파트너라는 믿음이 있어야 한다. 서비스를
제공하는 만큼의 효과를 기대할 수 있으니 서비스 철학을 가져야 한
다. 일류는 '철학'을 추구하지만, 이류는 '기술'에 집착한다.

② CS 리더의 비전

조직원 전체와 서비스 철학을 공유하고 내부 고객 입장에서 비전을
고려한다.

③ CS 리더의 혁신

잘못된 부분이나 부족한 부분을 개선한다.

④ CS 리더의 열정

적극적으로 파트너십을 공유하려는 노력을 하고 모든 내부 고객을 포
용한다.

⑤ CS 리더의 애정

내부 고객인 파트너에게 관심을 보이고 파트너와의 관계 발전에 보람
과 행복을 느낀다. 파트너에게 무관심하거나 조건적 애정 자세는 경
계해야 한다. 파트너의 성장을 경계하는 행동은 금물이다.

⑥ CS 리더의 신뢰

파트너와 윈윈(win-win) 차원에서 이루어지며 파트너의 고충에 자발적으로 참여한다. 리더의 신뢰는 지속적인 서비스 제공으로 형성되는 장기간의 승부이다.

⑦ CS 리더의 욕구 파악 능력

파트너가 리더에게 기대하는 욕구 3가지는 심리적 욕구, 방법적 욕구, 창조적 욕구이다. 심리적 욕구는 리더로부터 배려, 칭찬, 성원을 받고 싶은 욕구이다. 방법적 욕구는 리더가 방법, 해답, 모범적인 대안을 제시해 주길 바라는 욕구이다. 창조적 욕구는 리더가 비전을 만들고 창조적인 아이디어로 미래를 구체적으로 설계해 주기를 바라는 욕구이다.

⑧ CS 리더의 서비스 창조 능력

리더 스스로 서비스 창조 능력을 발휘하고 파트너를 서비스 리더로 육성한다.

⑨ CS 리더의 업무 능력

일상적 업무의 효율적 수행 능력을 말하며 한 방향으로 치중하는 것은 리더로서 부적격하다.

⑩ CS 리더의 인간 관계 능력

좋은 인간 관계는 리더의 필수 요소이다. 리더는 수평적 사고를 가지고 기대 효과를 받아들인다. '다름'과 '틀림'을 구별하고 권한 위임을 통한 자율성을 부여한다.

🎙️ CS 리더의 학습 원칙(학습 성과의 원칙)

CS 리더의 학습 원칙에는 5가지가 있다.

① 직접적인 경험을 통한 직접 경험의 원칙
② 학습자 개인차에 맞춘 개별화의 원칙
③ 자발성이 높을수록 생기는 자발성의 원칙
④ 집단적으로 실시할 때 생기는 사회화의 원칙
⑤ 결과 확인과 교정에 의한 피드백의 원칙

🎙️ CS 리더가 신경써야 할 부분

CS 리더는 다음 10가지를 신경써야 한다.

① 고객과 가장 가까운 직원 지원하기
② 서비스에 대한 책임을 직무기술서에 포함시키기
③ 고객과 접촉하는 모든 직원 교육하기

④ 고객과의 모든 접촉점 서비스를 조사하고 피드백하기

⑤ 서비스를 모든 직원의 관심사로 만들기

⑥ 직원에게 권한 위임하기

⑦ 피드백 자주 교환하기

⑧ 내부고객에게 관심 갖기

⑨ 고객이 좋아하는 서비스 확인 제공방법 모색하기

⑩ 뛰어난 직원 인정하기

🎤 CS 강사로서의 자질

CS 강사로서의 자질에는 기본 요소와 동기 부여 요소가 있다.

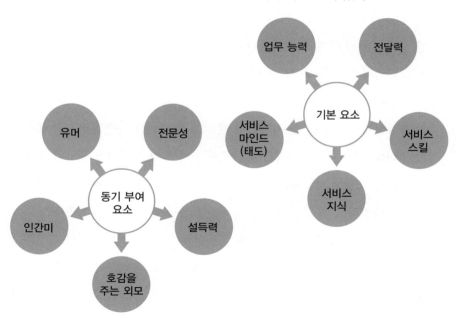

CS 직원의 커뮤니케이션

🎙 용모와 복장

    한 남성에게 한 번은 허름한 작업복을 입게 하고, 또 다른 한 번은 깔끔한 정장을 입게 하여 무단 횡단하도록 하였다. 이 실험에서 보행자들은 허름한 작업복을 입은 사람을 따라가는 것보다 정장을 입은 사람을 따라 덩달아 건너가는 비율이 3배 이상 높았다. 깔끔하게 정장을 입은 사람이 어떤 사람인지, 무엇을 하는 사람인지 잘 모르지만 왠지 믿을 만하다고 생각한 것이다. 겉모양으로 사람을 판단해서는 안 된다고 하지만 용모와 복장 상태는 잘 모르는 사람에게 중요한 정보가 되며 특히 고객을 만나는 현장 직원의 단정하고 깔끔한 용모와 복장은 고객에게 매우 긍정적 영향을 미친다. 특히 첫인상과 회사의 이미지를 결정할 수 있고, 일의 성과나 직장의 분위기에도 영향을 줄 수 있기 때문에 단정한 용모과 깨끗한 복장은 매우 중요하다.

근무복을 입는 것은 회사의 입장에서는 시각적인 안정감과 편안함을 고객에게 전달할 수 있고, 직원에게는 소속감 등의 심리적인 효과를 유도하여 효율적이고 능동적인 업무 처리를 할 수 있다. 착용자의 입장에서는 오염 등의 불안감이 감소하고 사복을 입었을 때 느끼는 정신적, 경제적 부담감을 덜 수 있다.

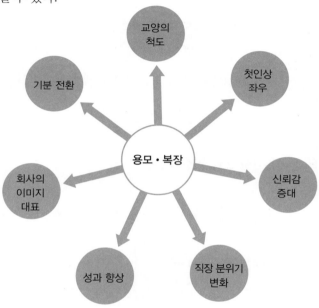

🎤 남성의 단정한 용모와 복장 기준

머리 흘러내리지 않는 단정한 앞머리와 헝클어지지 않은 뒷머리를 해야 하고, 길이는 뒷목을 가리지 않아야 한다. 자연스러운 머리색과 청결을 유지하고, 머리카락은 윤기 있게 손질되어 있어야 한다.

얼굴 깨끗한 피부와 코털은 밖으로 보이지 않아야 하며 면도는 필수다.

손 항상 청결하고 손톱도 깔끔하게 손질되어 있어야 한다.

복장 청결은 기본이며 소매나 깃 부분에 세심한 주의를 기울인다. 단추는 느슨하지 않게 다 채우며 다림질과 바느질 상태를 수시로 살핀다. 소매와 바지의 길이가 자신에게 맞는지 살핀다.

소모품 이름표는 자신의 얼굴이므로 바른 위치에 단다. 벨트와 구두는 복장과 같은 계열의 색으로 하고 구두는 청결해야 하며 굽 상태를 점검한다. 향수는 진하지 않고 타인에게 불쾌감을 주지 않아야 한다.

🎤 여성의 단정한 용모와 복장 기준

머리 앞머리는 흘러내리지 않게 단정해야 하고, 머리는 일에 방해되

▼ 남성의 단정한 복장과 단정하지 못한 복장

단정한 머리

깨끗한 피부와 면도

기능적이고 품위 있는 복장

알맞은 바지 길이 (바짓단이 구두 등에 가볍게 닿는 정도)

복장과 비슷한 색상의 구두

비듬, 헝클어진 머리

삐져나온 코털

입 냄새, 땀 냄새

구겨진 양복

양복에 흰색 양말

지 않게 묶는다. 지나친 파마나 진한 염색은 하지 않는다.

화장 너무 진하거나 야하지 않아야 하며 청결하고 건강한 느낌이 들어야 한다. 눈화장은 약간만 하고 속눈썹은 달지 않는다. 립스틱은 회색이 도는 빛깔은 사용하면 안 된다.

손 손톱은 짧고 깨끗하게 하고 네일 애나멜은 연한색으로 벗겨지지 않도록 한다.

복장 출퇴근 복장은 디자인이 지나치게 화려하지 않아야 하고 근무복 착용 시 신분증은 정위치에 부착한다. 청결, 다림질, 바느질 상태를 수시로 점검한다. 스타킹은 피부색과 같은 계열이어야 하고 속옷은 비치지 않도록 한다.

소모품 구두는 청결해야 하고 굽 상태는 괜찮은지 점검한다. 액세서리는 방해되지 않는 것으로 최소의 개수로 하고 향수는 진하지 않게 한다.

▼ 여성의 단정한 복장과 단정하지 못한 복장

근무하기 편한 단정한 머리

자연스럽고 밝은 느낌의 화장

적당한 크기와 디자인의 액세서리

구겨지지 않고 깨끗한 복장

근무복에 맞는 신발

지나친 염색 머리

진한 화장
화려한 액세서리
깊게 패인 옷

자극적인 향수

▼ 용모·복장 체크 사항 (남성용)

항 목		체크 사항	세부 점검 내용
머리			단정히 머리를 깎고 앞머리가 눈을 가리지 않았는가?
			잠자던 흔적이 남은 머리는 아닌가?
			비듬이 없는가, 냄새는 없는가?
			체형에 잘 어울리는가?
얼굴			얼굴은 청결하고 건강한 느낌을 주는가?
			피부는 잘 관리되어 있는가?
			면도하다 남은 수염이나 코털은 보이지 않는가?
			눈은 충혈되어 있지는 않은가, 안경은 더러워져 있지 않은가?
복장	셔츠		옷깃이나 소매는 더럽지 않은가?
			소매의 단추는 채워져 있는가, 소매는 걷어 올려져 있지 않은가?
			색깔과 모양은 적당한가?
			다림질은 되어 있는가?
	넥타이		비틀어지지 않았는가, 매듭은 늘어져 있지 않은가?
			더러워졌거나 주름이 가지는 않았는가?
			옷에 어울리는가?
	상의		너무 화려하지 않은가, 주름이 가지는 않았는가?
			서 있을 때 단추는 채워져 있는가?
			주머니가 부풀 정도로 물건을 넣지는 않았는가?
	하의		다림질은 잘 되어 있는가, 무릎은 나와 있지 않은가?
			벨트는 잘 매어져 있으며 손상되어 있지는 않은가?
	가운		가운 속에 입은 옷은 적절한가?
			단추가 다 채워져 있는가?
			더러워졌거나 주름이 가지는 않았는가?
손			손톱의 길이는 적당한가? (1mm 이내)
			더러워져 있지는 않은가?
양말			흘러내리지는 않은가, 청결한가? (냄새에 주의)
			색깔은 적절한가? (하의보다 진한색)
구두			깨끗이 닦여져 있는가?
			색깔이나 모양은 비즈니스에 적당한가?
			뒤축이 벗겨지거나 닳아 있지는 않은가?
지갑			모양이 변하지는 않았는가?
			깨끗이 손질되어 있는가?
			명함은 명함 지갑에 넣어져 있는가, 매수는 적당한가?

▼ 용모·복장 체크 사항 (여성용)

항 목		체크 사항	세부 점검 내용
머 리			청결한가, 손질은 되어 있는가?
			일하기 쉬운 머리형인가?
			이마를 가리지 않았는가? 숙였을 때 머리가 흘러내리지는 않는가?
			복장에 어울리는가?
			머리 액세서리가 너무 눈에 띄지 않는가?
화장			청결하고 건강한 느낌을 주고 있는가?
			피부 처리 및 부분 화장이 흐트러지지는 않았는가?
			립스틱 색은 적당한가? (건강해 보이고 밝은 느낌을 주고 있는가?)
복장	유니폼		유니폼이 구겨지지는 않았는가?
			스커트의 단이나 소매는 단정한가?
			어깨에 비듬이나 머리카락이 붙어 있지 않은가?
			출·퇴근 시의 복장은 단정한가?
	가운		가운 속에 입은 옷은 적절한가?
			단추가 다 채워져 있는가?
			더러워졌거나 주름이 가지는 않았는가?
손			손톱의 길이는 적당한가? (1mm 이내)
			매니큐어는 깔끔하게 발라져 있는가?
스타킹			스타킹은 항상 신고 있는가?
			색깔은 적당한가?
			예비 스타킹을 가지고 있는가?
구두			깨끗이 닦여져 있는가?
			유니폼에 어울리는 디자인인가?
			뒤축이 벗겨지거나 닳아 있지는 않은가? (구겨 신거나 샌들은 보기 흉함)
액세서리			방해가 되는 액세서리, 눈에 띄는 물건은 착용하지 않았는가?
			너무 화려하지는 않은가?
			명함 지갑은 가지고 있는가?

🎤 인사

우리는 인사하는 모습 하나 만으로도 상대의 됨됨이를 가늠할 수 있으며 예로부터 인사를 통한 마음 자세를 예절의 기본 척도로 삼아 왔다. 단정한 태도와 부드러운 표정이 조화를 이룬 정중한 인사를 나의 문화로 정착하도록 노력해야 할 것이다.

> **인사의 Key Point!**
> 하나. 내가 먼저 한다!
> 하나. 눈 맞춤을 한다!
> 하나. 밝게 밝게 밝게!
> 하나. 상황에 따라 한다!

① 인사법 – 기본편

일상생활 중 어른이나 내방객을 맞을 때는 상체를 30~ 40도 정도 숙이고 인사를 한다. 전통 인사법의 평절에 가까운 인사로 가장 기본이 되는 인사이다.

인사말을 반드시 같이 하며 허리를 너무 빨리 일으켜 세우면 정중한 느낌이 들지 않으니 주의해야 한다.

■ 인사의 6단계

1단계: 바른 자세로 상대를 향해 선다.

　　－ 시선은 상대의 미간을 응시한다.

- 어깨에 힘을 뺀다.

- 가슴과 등을 곧게 편다.

- 여성은 두 손을 앞으로 모아 아랫배 위에, 남성은 바지 옆선에 가볍게 주먹을 쥐어 올려놓는다.

- 뒤꿈치는 붙이고 발의 앞쪽은 30도 정도 벌린다.

2단계: 상대방의 눈을 보며 친절하게 인사말을 건넨다.

- 상대방이 인사를 받을 수 있는 상황인지 확인하고 '솔'음의 목소리로 밝게 인사말을 건넨다.

"안녕하십니까?", "어서 오십시오.", "고맙습니다.", "반갑습니다."

3단계: 상체를 정중하게 굽혀서 인사한다.

- 시선은 자연스럽게 아래로 향한다.

- 고개를 움직이지 않는다.

- 머리와 허리는 일직선이 유지되어야 하며 턱을 잡아당겨 인사 시 턱이 먼저 앞으로 나가지 않도록 주의한다. 배를 끌어당기는 기분으로 허리를 굽힌다.

4단계: 상체를 숙여 잠시 멈춘다.

- 시선은 발끝 1~2미터 앞에 둔다.

- 약 1초간 멈춘다.

5단계: 천천히 상체를 든다.

    - 상체를 숙일 때보다 천천히 든다.

6단계: 똑바로 선다.

    - 시선은 상대의 미간을 응시한다.

    - 상대방을 진심으로 환영하고 반기는 마음으로 대화를 나눈다.

② 인사법 – 약례편

목례(약례)란 인사 중 가장 가벼운 인사를 말한다. 전통 인사법으로 본다면 반절에 해당하는 인사로 간략한 예를 표현하는 인사이다. 복도나 실내 등에서 자주 만나게 되는 사람에게나 아랫사람, 친구, 동료 간에 할 수 있는 인사로 상체를 15도 정도 숙이는 인사이다.

하나에 상체를 구부리고 둘에 상체를 펴면 된다. 목례는 짧은 시간에 이루어지는 것이므로 반드시 미소를 짓는 것을 잊지 말아야 한다. 엘리베이터 안이나 통화 중일 때, 복도나 계단에서 마주쳤을 때, 사무실을 방문할 때 목례를 한다.

③ 인사법 – 정중편

감사나 사죄하는 마음을 전하는 경우, 집안의 어른이나 직장의 CEO를 뵐 때, 정중한 고객을 맞이할 때 하는 인사이고 전통 인사법의 평절에 해당한다. 이때의 인사는 상체를 45도 혹은 그 이상 완전히 굽혀 전달하고자 하는 인사의 의미를 상대가 충분히 알 수 있도록 해야 한다.

하나, 둘, 셋에 허리를 구부리고 넷에서 동작을 정지시키며 다섯, 여섯, 일곱에 허리를 천천히 들어준다.

이 인사는 가장 정중한 표현이므로 가벼운 표정이나 입을 벌리고 웃는 등의 행동은 삼가야 할 것이다.

일반적인 보행 시 인사를 나누어야 하는 대상과 서로 다른 방향으로 걷고 있다면 걸음 30보 이내에서 인사를 하는 것이 바람직하다. 인사를 나눌 대상과 서로 마주쳐 지날 때는 걸음 6~7보 정도에서 인사를 나누는 것이 좋다.

인사를 나눌 대상과 갑자기 마주치게 되거나 측면에서 만나게 되는 경우는 상대를 확인하는 즉시 인사를 나누되, 상대방의 인사에 응답하기보다는 내가 먼저 인사를 건네는 것을 습관화하도록 노력해야 한다. 타인이 자기를 알아보지 못하더라도 내가 아는 사람이면 반가운 인사를 건네는 것이 바람직하다.

화장실에서 아는 사람을 만나거나 상대가 식사 중 혹은 운전 중인 경우는 눈을 마주치는 정도의 가벼운 목례로 인사해야 한다. 이런 경우 지나치게 아는 척을 하거나 정중하게 오래 인사를 하는 것은 도리어 상대에게 실례가 되는 행동이다.

🎙️ 전화 예절

　전화는 정보화 시대의 요체이며 업무상 중요한 수단으로 회사의 이미지를 결정하는 중요한 요소이다. 전화 예절의 특성은 고객 접점의 제1선이며 얼굴 없는 만남이고, 예고 없이 찾아오는 방문객이라는 것이다. 비용이 발생하며 보안성이 없기 때문에 전화 예절은 중요하다.

　전화 응대의 3대 원칙은 친절, 신속, 정확이다. 빨리 받고, 먼저 인사하고, 오래 기다리게 하지 않으며 내용을 정확히 전달하고, 끝인사를 꼭 한다.

▼ 전화기 근처에 두어야 할 것들

- 메모 용품
- 필기도구
- 전화번호부
- 전화번호 리스트

🎙️ 전화 응대 방법

① 전화 응대의 기본

- 애매하고 납득하기 어려운 표현은 삼가고 차근차근 조용히 이야기한다. 복잡한 내용의 경우 메모를 하고 요점을 되풀이하여 확인한다.
- 불필요하게 긴 인사를 하거나 필요 없는 말은 삼가고 간단명료하게 용건을 전달한다.
- 상대방의 불쾌한 말씨에도 정중히 한다.

- 적합한 존칭과 경어를 사용한다.

- 실내에서 큰소리로 전화하는 것은 삼간다.

- 메모를 남길 때는 전화 온 시간, 전화 온 사람, 용건 등을 기록한다.

- 전문용어는 되도록 삼가며 쉬운 말로 한다.

② 전화를 걸 때

- 전달하고자 하는 내용을 정리하여 확인한다.

- 메모지와 펜, 기타 필요한 자료를 준비한다.

- 자신의 소속과 성명을 정확히 밝히고 인사한다.

> "고맙습니다. ○○기관 ○○팀 ○○○입니다."
>
> "안녕하십니까? 바쁘신데 전화로 죄송합니다."

- 상대방이 이름을 밝히지 않을경우 "ㅇㅇㅇ"이십니까? 하고 정중히 물어본다.

- 불필요한 말의 반복을 피하고 간단명료하게 한다.

- 전달하고자 하는 내용을 상대방과 확인한다.

- 회신을 요구할 때는 회신 시기, 방법 등을 요청하는 내용과 함께 정확하게 제공한다,

③ 전화를 받을 때

- 벨이 3번 이상 울리지 않도록 바로 받는 것이 예의이다.

- 왼손은 수화기에, 오른손은 메모 준비를 한다.

- 자신의 소속과 성명을 정확히 밝힌다.

"정성을 다하겠습니다. ○○단체 / ○○기관 ○○팀 ○○○입니다."

- 전달자의 용건을 경청하여 메모한다.
- 용건의 내용을 다시 한번 확인한다.

④ 고객을 기다리게 할 때

- 기다리게 하는 이유를 설명하고 고객의 상황을 확인한다.

" 지금 ○○○님께서 다른 전화를 받고 계십니다. 잠시 기다려 주시겠습니까?"

- 10 ~ 20초마다 상황을 보고한다.

"전화 연결이 늦어지는데요. 조금 더 기다리시겠습니까? 메모를 남겨 드릴까요?"

- 기다려 주신 데 대한 감사의 인사를 한다.

"기다려 주셔서 고맙습니다."

⑤ 다른 사람에게 연결할 때

- 연결 예고를 한다.

> "네, ○○○님 곧 연결해 드리겠습니다. 혹 전화가 끊어지시면 ○○○○-○○○
> ○번으로 걸어 주시기 바랍니다." (만약의 경우를 위해 직통 번호를 알려 준다.)

- 담당자와 전화 연결 여부를 확인후 후 끊는다.

⑥ 전화를 연결 받을 때
- 연결 받을 때도 소속과 이름을 분명히 밝힌다.

> "감사합니다. ○○팀 ○○○입니다."

⑦ 동시에 여러 전화가 오는 경우
- 통화하던 사람에게 양해를 구한 후 다른 전화를 받아 용건, 연락처
  등을 받은 후 원래 통화하던 사람과 통화한다.

> "죄송합니다. 지금 다른 전화를 받고 있는데요, 성함과 연락처를 남겨 주시면 바
> 로 전화드리겠습니다."

⑧ 상대방의 목소리가 들리지 않는 경우
- 상대방이 듣고 있다는 마음으로 이야기한다.

> "(고객님) 죄송하지만 한 번 더 (좀 더 크게) 말씀해 주시겠습니까?"
> "고객님, 죄송하지만 전화 상태가 좋지 않은 것 같습니다. 번거로우시겠지만
> 다시 한 번 걸어 주시겠습니까?"

⑨ 담당자가 부재 중일 때

- 담당자가 부재 중이라는 것과 그 사유를 설명한다.

> "죄송합니다. ○○○님께서 지금 회의 중입니다."

- 통화 가능한 시간을 알려 준다.
- 메모를 남길지 다시 전화할지를 확인한다.

> "메모를 남겨 드릴까요? 아니면 다시 전화 주시겠습니까?"

- 일시, 이름, 연락번호와 간단한 메모를 한다.
- 확인된 내용을 반복하여 확인한다.

> "전화번호가 ○○○○-○○○○번이시라고요? ○○○님께서 통화 원하신다고 전해드리겠습니다."

- 담당자에게 메모를 전달한다. 이때 받은 사람을 꼭 기재한다.
- 일정 형식의 메모지를 준비하여 사용한다.

주의해야 할 표현: "나중에 다시 하세요." (통화 가능시간을 알리고 메모를 받아 이쪽에서 전화를 거는 것이 도리에 맞다.)

⑩ 전화를 끊을 때

- 더 남기고 싶은 내용은 없는지 확인한다.

"더 궁금하신 사항은 없으십니까?"

- 추가 인사를 전한다. ("감사합니다. 좋은 하루 되십시오.")
- 고객이 전화를 끊은 후 수화기를 놓는다. (상대가 끊기 전에 내가 먼저 끊어 버리면 상대에게 무례한 느낌을 줄 수 있으며, 마지막 전할 말을 못 듣는 경우가 있다.)

▼ 이런 응대는 삼간다!

- 전화를 마구 다른 곳으로 돌린다.
- "담당이 아닙니다."
- 장시간의 사적인 대화를 한다.
- 전화기를 난폭하게 놓는다.
- 불쾌하게 전화를 받는다.
- 전화기 주변에서 소음을 낸다.
- 통화가 끝난 후 큰소리로 내용을 말한다.
- 전화를 받는 사람이 아무도 없다.

고객 컴플레인 잠재우기

🎙 고객 불평의 이해

컴플레인(Complaint)이란 서비스 유형에 대해 심리적으로 갖는 기대, 희망, 가치에 대해 흡족하지 못하거나 기대 수준에 미치지 못할 경우 고객으로 불평불만이나 요구가 발생하는 상황을 의미한다. 고객의 불만, 오해, 편견 등을 풀어 주는 일을 컴플레인 처리라도 하는데 대부분의 직원들이 컴플레인 처리를 귀찮은 일, 판매 후의 뒤치다꺼리로 인식한다. 성의를 다하는 컴플레인 처리는 기업의 신용을 더 높여 주고 고객과의 관계를 효과적으로 유지시켜 주는 지름길을 제공한다.

🎙️ 컴플레인 발생 원인

① 회사 측에 책임이 있을 때

발생 원인	주요 내용
직원 접객	• 직원의 무성의한 접객 태도 (언행/복장 불량) • 고객 요구에 대한 거절 (교환/환불 거절, 수선(AS)거절 등) • 상품 지식 미비로 인한 부정확한 거절 • 고객과의 약속 불이행 • 계산 착오 등 업무 처리 미숙
상품 불만	• 상품의 하자 (품질/기능/식품 불량 등) • 상품 가격 (가격 차이/가격 표시 불량) • 수선, AS에 대한 불만 (수선 불량, 수선품 분실 등) • 상품 구색 미비 (디자인/색상 없음, 브랜드 없음) • 상품 포장 불량으로 인한 파손
시설 불만	• 매장 환경에 대한 불만: 냉난방 시설, 조명, 탈의실, 안내 표시, 통행로 등 • 고객 편의 시설에 대한 불만: 엘리베이터, 에스컬레이터, 주차장, 화장실, 휴게실
제도 불만	• 카드 관련: 복잡한 발급 절차, 청구서 지연, 한도 불만, 승인 지연 • 기타: 영업시간, 휴무일, 허위 광고 표시 등

② 고객 측에 책임이 있을 때

발생 원인	주요 내용
상품 지식 및 인식의 부족	세탁 과실 및 상품 취급 부주의로 인한 상품 하자 발생
고객 변심	사정 및 감정의 변화 → 교환/환불 요구
고의, 악의	• 할인의 구실 • 거래를 중단 또는 바꾸려는 심리 • 고압적인 고집 ('고객은 왕이다'의 심리) • 성급한 결론, 독단적인 해석, 기억 착오, 과실 불인정

③ 제3자에게 잘못이 있는 경우

- 수송이 지체되는 경우

- 수송상의 손실이 있는 경우

🎤 고객 컴플레인 유형과 행동의 종류

Voicer	기업에 직접 말하는 고객
Passive	자신의 불평을 적극적으로 처리하지 않는 수동적인 고객
Irates	분노하는 고객으로 실질적인 불평의 강도가 정도를 넘는 고객
Activist	불평뿐 아니라 적극적으로 불평 행위를 취하는 고객

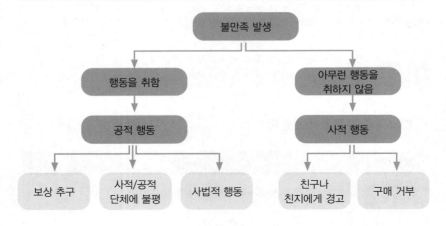

🎤 고객 컴플레인의 중요성

불평은 고객이 원하는 것이 무엇인지 가르쳐 준다. 아무리 고객 서비스를 잘하고 있어도 내가 알지 못하는 부족한 부분이 있기 마련이므로 소비자의 불평을 오히려 장려하여 불평에 귀 기울이는 노력이 필요하다. 불평하지 않는다고 우리의 고객에 대한 서비스가 다 이루어졌다고 생각할 수 없으며 일반적으로 불만족한 고객의 94% 이상은 말없이 우리 곁을 이탈한다.

불평하지 않고 말없이 우리 곁을 이탈하는 고객은 다른 사람에게 자신의 불평을 이야기함으로써 기업에 치명적인 결정타를 입힐 수 있는 존재이므로 오히려 불평을 제기하는 고객에게 감사하는 마음을 가져야 한다.

사례 1 평범한 고객 한 명이 연간 매출 3조 2,000억 엔(약 30조 원)이 넘는 일본의 세계적 전자 기업의 무릎을 꿇게 한 사건

비디오 플레이어 구입 고객이 제품에 이상이 생겨 고객서비스 센터로 전화를 했으나 직원은 시종일관 불친절한 목소리로 상담했고 고객도 퉁명스러운 직원의 대답에 슬슬 짜증이 났다.

고객: "친절하게 상담해 주는 게 직원의 업무가 아닙니까?"

직원: (어이없다는 듯 폭언을 퍼붓고 그 고객을 '상습 불평꾼'이라고 몰아세우면서 전화를 일방적으로 거칠게 끊음)

고객: 무례한 응대에 화가 난 고객은 그 전화 내용을 녹음하여 자신의 인터넷 홈페이지에 올렸고 고객이 올린 음성 파일은 놀라운 속도로 확산되어 한 달 조회 수가 200만을 넘어섰다.

많은 사람들이 사실을 알게 되자 수 십 년간 쌓아온 회사의 좋은 이미지는 점점 나빠지기 시작했지만 회사는 심각한 문제가 아니라고 판단, 고객을 명예훼손죄로 고발하자 소비자들은 아무 잘못 없는 개인 고객에 대한 거대 기업의 횡포라며 소비자 운동단체와 함께 불매운동을 전개했다.

결국 전화 상담이 있은 지 4개월이 지나서야 기업 이미지가 한순간에 추락하고 매출이 급감하는 데 대한 심각성을 느낀 회사의 부사장이 공식 사과문을 발표했다.

직원과 조직을 따로 생각하는 고객은 없다. 서비스 센터에서 전화를 받는 직원들 입장에서는 수십 통, 수백 통 중의 한 통이지만, 고객의 입장에서는 절대 그렇지 않음에 유의해야 한다. 고객은 사소한 한 번의 만남으로 회사의 이미지를 평가한다는 것을 명심해야 한다.

사례 2   일본의 유명한 음식점에서 직원의 친절도를 알아보기 위해 몰래 카메라를 촬영

연기자: 음식이 나오자 음식에 대한 불만을 늘어놓으며 귀찮게 여러 번 직원들에게 심부름을 시킴
직원: 부드러운 표정과 정중한 태도로 묵묵히 고객의 불만을 듣고 수용하면서 고객이 원하는 대로 서비스 함.(한 번도 귀찮은 표정이나 언짢은 말 없이 한결같이 미소를 잃지 않음)
몰래 카메라 촬영자: "어쩌면 이렇게 친절할 수 있습니까?"(내심 "귀찮게 하는 고객 때문에 속으로는 화가 났다"라는 말을 기대하면서)
직원: "오늘 참 재미있는 분이 오셨다고 생각했지, 화는 나지 않았어요"

대부분의 직원들은 '오늘 정말 이상한 고객 때문에 미치겠군. 정말이지 장사 못해 먹겠네.' 혹은 '대충 먹고 가면 되지, 대체 왜 이리 깐깐하게 구는 거야'라고 생각할 수 있다. 하지만 변덕스러운 고객은 그때그때의 감정에 충실한 사람이고, 귀찮은 고객은 차라리 재미있다고 생각하자.

여러분이 만일 부정적인 생각을 갖고 있다면 다음과 같이 긍정적으로 변화시켜 보자.

불평 많은 고객	솔직하게 기업의 문제점을 알려 주는 고마운 고객
변덕스러운 고객	그때그때의 감정에 충실한 고객
잘난 척하는 고객	똑똑하고 지적인 고객
깐깐한 고객	섬세한 고객
허황된 고객	꿈 많고 열정적인 고객
말이 많은 고객	표현력이 좋은 고객

🎙 고객 컴플레인 응대 포인트

구분	개 념	고객에 대한 기대 효과
수용	• 고객의 이야기에 적극적으로 맞장구쳐 주는 기술 • 고객에 대한 존중의 마음을 바탕으로 성의 있는 자세의 말과 행동	• 열의 있게 의사 전달 • 경청자에게 호의 • 문제 해결자로서 기대

반복	• 고객의 말을 그대로 받아 되풀이 • 고객이 하는 이야기의 핵심 부분 중 슬픔, 후회, 노여움, 감동, 경악 등 감정이 서려 있는 말에 특히 되풀이 반응	• 자신이 이해받고 있다는 만족, 안도감 • 경청자를 친절하고 성의 있는 사람으로 인정해서 열의 있게 의사 전달 • 경청자에게 호의 • 문제 해결자로서 기대
명확화	• 고객을 대신하여 직접적으로 표현되지 않는 감정적인 부분을 대신해서 의식화하여 표현 "고객님, 많이 당황하셨죠!" "저라도 속상했을 겁니다." • 수용이나 반복보다 훨씬 높은 수준의 경청 기술	• 문제 해결 기대 • 경청자에 대한 호감 및 신뢰감 조성

▼ 불만 고객 응대 시의 마음 가짐

우리는 항상 이렇게 해 왔어요	시정하겠다는 의지를 확신시켜라
고객의 말 도중에 끼어든다	고객이 차근차근 말할 수 있도록 한다.
고객의 불만을 건성으로 듣는다	말을 가로 막거나 다투지 않고 메모한다.
"저 고객이 별난 거야!"	불만을 말하는 고객에게 감사하라.
이제 처리는 끝났어	결과를 통지하고 감동시켜라 (사후 관리)

🎙 고객 유형별 특징과 응대법

대표적인 행동 유형인 DISC로 보는 고객 유형과 그에 따른 응대법이다.

	D형 고객 특징	응대법	해서는 안 되는 말
완벽한 D형 고객	• 보상 접수 우선 언급 • 결론부터 말함 • 상담사의 말을 자름 • 듣고 싶은 부분만 듣고 하고 싶은 말만 함	• 자신감 있는 목소리 • 정확한 답변 • 핵심적인 대안 제시 • 결론 미리 언급 • 고객 존중	"제가 먼저 말씀드릴게요."
성격이 급한 고객	• 빠른 말 속도 • 단답형 대답 • 상담사의 말을 자름 • 결과 위주로 불필요한 말 • 상대방의 말을 듣지 않음		

	I형 고객 특징	응대법	해서는 안 되는 말
전형적인 I형 고객	• 친근한 음성 • 사람, 관계 지향적 느낌 • 질문은 하지만 답변만 들음 • 관계 지향으로 추가 질문 못함	• 적극적인 맞장구 • 간결한 부연 설명 • 상담 흐름 주도 • 공감대 형성 • 필수 안내 강조	"규정상 어렵습니다."
말이 많은 고객	• 한 가지 질문에 긴 대답 • 중요하지 않은 주변 내용도 모두 이야기 함		

	S형 고객 특징	응대법	해서는 안 되는 말
자신감 없는 고객	• 음성이 작음 • 끝말이 흐리고 끝맺음이 불명확 • 할 말만 하며 묵음이 많음	• 일방적인 상담 주의 • 차분한 음성 • 상대방의 감정 확인 • 정중한 언어 표현 • 인내심	"설명드린 대로만 하시면 돼요."
"네, 네."만 하는 고객	• 음성이 부드러움 • 상담사 질문에 답변을 잘함 • 원활하게 상담이 진행 됨		

	C형 고객 특징	응대법	해서는 안 되는 말
질문이 많으며 정확한 답변을 원하는 고객	• 음성이 다소 차갑고 딱딱함 • 무언가 평가하는 듯한 느낌 • 정확한 답변 요청 • 재차 확인 질문	• 정확한 업무 전달 • 정확한 근거 제시 • 생각할 시간 필요 • 신뢰감 주는 언어 표현 • 음성 변화 주의	"이 부분은 제가 더 잘 아는데요."

🎙️ 효과적인 컴플레인 처리 요령

① 컴플레인 처리 절차

구분	Flow	비 고
1차	고객 → 협력사원 → 담당(SM, ASM, FM) → 팀장	• 권한 내: 즉각 처리 • 권한 외: 반드시 상사 보고
2차	소비자 → 고객 상담실 ※ 상담실에 처리 의뢰 시에는 내용 및 처리 결과 통보 원칙 (처리의 일관성 유지)	• 1차 처리가 안 될 경우 • 1차 처리 부서에서 독자적으로 처리가 곤란한 경우 • 회사 정책 차원에서 처리해야 할 필요가 있는 경우 • 고객이 직접 상담실 방문한 경우

② 효율적인 Recovery(불만 회복) 요소

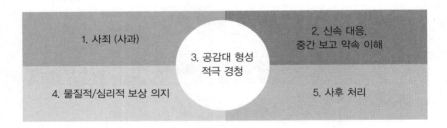

물리적 보상은 신속하고 책임감 있게 완벽하게 처리해야 하며, 심리적 보상은 정성과 이해가 수반되어야 한다.

③ 고객 컴플레인 처리 4단계

구 분	처리 포인트	단계별 응대 용어
1단계 (경청, 사과)	• 고객의 입장에서 불만족 사항을 경청하고 공감한다.	"네,(고객님) 그러셨군요." "고객님, 정말 죄송합니다."

	• 선입관을 버리고 고객 감정을 진정시킨다. (논쟁이나 변명은 절대 금물)	
2단계 (공감 표시)	• 고객의 성격, 요구 사항을 파악한다. • 문제점 파악 및 원인을 분석한다. • 관점을 바꾸어서 재검토한다. • 객관적으로 사실을 추구한다.	"네, 고객님의 기분 충분이 이해가 됩니다." "네, 고객님, 많이 불편(불쾌)하셨겠습니다."
3단계 (대안 제시 /설득)	• 불만 사항에 대해서 해결 방안을 제시하고 신속 정확하게 처리한다. • 정중히 성의를 가지고 납득시킨다. • 고객에게는 끝까지 책임을 진다.	"고객님, OO한 방법이 있는데 괜찮으시겠습니까?" "고객님, 제가 담당자를 불러(연결해) 드리겠습니다." (본인이 해결 불가능한 경우) "고객님, 제가 바로 OO해 드리겠습니다." (I Do Message)
4단계 (거듭 사과와 감사)	• 불만 고객의 최종 만족 정도를 파악한다. (Happy call) • 고객 재방문을 유도하고 고정 고객화한다. • 재발 방지 대책을 수립하고 사전 예방한다.	"고객님, 도움을 드리지 못해 정말 죄송합니다." "고객님, 다시 한번 진심으로 사과드립니다." "감사합니다."

▼ I Do Message란?

고객이 불쾌감을 덜 느끼게 하면서 적극 처리하겠다는 나의 감정과 의사를 전달하는 표현

④ 컴플레인 처리의 3변 원칙

사람(상담자), 시간, 장소(분위기)를 바꾸어 컴플레인을 처리하도록 한다.

구 분	내 용	유의 사항
사람을 바꾼다	협력사원 → 상사 (담당 직원, SM, ASM, FM)	
시간을 바꾼다	즉답을 피하고 냉각 기간을 둔다.	고객에게 꼭 중간 보고를 한다.

장소(분위기)를 바꾼다	• 서서 이야기하는 고객을 앉게 해서 진정시킨다. • 매장에서 사무실이나 상담실로 안내한다. • 상사가 직접 차 대접을 하는 것은 큰 성의 표현이다. 잠시 고객이 혼자 흥분을 가라앉힐 수 있는 시간적 여유가 된다.	가능한 고객 몸에 손대지 않는다.

⑤ 컴플레인 전화 응대 시 유의 사항

구 분	응대 요령	유의 사항
1단계	• 전화 거는 고객의 이름, 용건을 미리 알아내어 재빨리 사과의 말을 한다. "네, ○○ 고객님이시군요. 저희 쪽에서 불편을 끼쳐 드려 대단히 죄송합니다."	• 고객이 성명을 밝히지 않을 경우 굳이 알려고 하지 않는다. • 원인과 상황에 상관없이 먼저 사과한다는 마음가짐을 갖는다.
2단계	• 전화를 건 고객의 말에 귀를 잘 기울인다. • 상대방의 의사를 부정하는 말은 지양하고 긍정적으로 응대하여 상대방의 이야기를 성의 있게 경청하고 있음을 알린다.	• 논쟁이나 변명은 피한다. • 고객의 감정적인 말에 이끌리지 않는다.
3단계	• 고객의 이야기를 잘 들은 후에 신속하고 성의 있게 처리하도록 한다. • 적극적인 자세로 임한다. • 설명은 사실 중심으로 명확하게	• 공손한 표현을 선별하여 사용한다. • "당사의 규정으로는~", "당사의 처리방식~" 등의 표현은 사용하지 않는다.
4단계	• 문제 해결을 위한 도움 요청: 어쩔 수 없다고 판단했을 때는 즉각 대응할 수 있는 사람으로 교체할 것 (직급이 높거나 책임 권한이 있는 사람일수록 효과적)	

🎙 컴플레인 예방을 위한 선행 지침

구 분		주요 내용
상품	식품	① 철저한 품질 관리: 신선도, 냉동 쇼케이스 온도 상태 점검, 이물질 삽입 여부 등 ② 제품 표시 점검: 제조일, 유통기한, 중량, 가격표 등 ③ 정확한 계량: 판매 시점에서 상품 재점검, 변질, 포장 상태 등 ④ 상품 판매 시점에서 상품 재점검: 파손, 변질, 포장의 오염 등 ⑤ 기타 상품 특성에 맞는 상품 지식 습득

잡화/ 가용	① 판매 시점에서 상품 재점검: 부품, 작동, 파손, 포장 등 ② 파손 우려 제품(도자기, 전자제품 등)의 배달 시 완전한 포장	
의류 (봉제 제품)	① 판매 시점에서 재점검: 봉제, 실매듭: 단추, 박음질 상태, 시접, 부자재 등 ② 품질 표시, 세탁 방법 등의 점검 ③ 사이즈 확인	
접객 태도	① 취급 상품의 상품 지식 습득: 완벽한 상품 설명 ② 약속 기일 엄수(완성일, 납기일 등): 약속 관리 대장 활용 ③ 호객, 강매를 하지 말 것 ④ 금전상의 재확인: "얼마 받았습니다, 거스름돈 얼마입니다." ⑤ 선물 상품인 경우: 정찰표 제거 철저 ⑥ 폐점 직전, 고객께 특히 친절히 접객	
배달	① 주문 전표의 재고 확인 ② 전표와 상품의 대조 확인 ③ 파손 방지 배려 ④ 기일, 시간의 엄수: 불가피하게 약속을 어기게 될 때는 반드시 사전 사 과, 양해를 구함	
사고	① 고객 소지품 분실 방지 우려 ② 쇼케이스 등 집기 파손 점검 ③ 매장 내 상품 운반구 등 운반 시 주의 ④ 장치물, 시설물의 점검	

🎙 주요 컴플레인 대처 요령

처음부터 기분 좋게 응대하여 고객이 우리 매장, 우리 점포를 다시 찾아
오도록 한다.

① 교환 / 환불

구 분	주요 내용	비 고
교환/환불 요구 유형	• 구입한 상품에 대한 디자인, 색상, 사이즈 불만 • 사용 중 상품의 하자 발견 및 하자 문의 • 고객 변심 • 동일 브랜드이거나 타 점포에서 구입 • 선물 받고 맘에 들지 않아 교환/환불 요구	

불이행 시 고객 이탈 초래	• 단기적 손실에 급급해 교환, 환불 불이행 시 → 고객 컴플레인 발생 → 고정 고객 이탈 ※ 만족을 얻지 못한 고객의 91%는 절대로 재방문 하지 않고, 최소한 9명 이상에게 자신이 겪은 불쾌 감을 이야기한다.	장기적인 측면에서 고정 고객 확보를 통한 수익 증대를 생각한다.
교환/환불 처리 요령	교환/환불은 귀책 사유가 당사에 있을 경우 해드리 며, 판단은 항상 고객의 입장에서 생각하는 자세를 취해야 한다.	고객이 교환 또는 환불을 원하는지 반드시 사전에 고객의 의사를 확인한다.

② 단계별 교환/환불 세부 처리 지침

구 분	주요 내용	유의 사항

1단계	• 고객의 불만족 사항을 경청하고 공감
	  한다.
	• 선입관을 버리고 끝까지 불만 내용을
	  경청한다.
	• 고객 불만, 상한 감정 등을 이해하고
	  공감한다.
		• 밝은 표정, 단정한 복장, 명함을 제시한다.
		• 고객의 말을 가로막거나, 감정적인 응
		  대는 금물이다.

2단계	• 교환/환불의 타당성을 판단한다.
	• 고객 의사를 먼저 물어본 후 고객이
	  원하는 방향으로 처리해 드려야 한다.
		• 협력사원의 임의대로 환불을 요구하는
		  고객을 교환으로 유도해서는 안된다.

3단계	• 교환 또는 환불이 타당하다고 판단 시
	  사죄의 말을 전하고 즉시 교환 또는
	  환불을 고객 요구대로 처리한다.
		• 고객 잘못이 명백한 경우 외에는 100%
		  교환/환불 처리한다.

4단계	• 처음부터 끝까지 완전히 처리 종료될
	  때까지 담당자 한 사람이 처리한다.
	• 교환/환불 접수를 받은 판매사원이 전
	  과정을 책임 있게 처리한다.
		• 담당이나 상급자가 없다는 것을 이유로
		  처리를 지연해서는 안 된다.

③ 상품 하자

고객이 상품 하자로 컴플레인을 제기할 경우, 사안에 따라서는 매장에
서 자체적으로 해결하기 어려운 경우도 자주 발생한다. 이렇게 상품 하자
여부를 현장에서 객관적으로 판명하기 어려울 때에는 고객 상담실에 의뢰
하여 해결하도록 한다.

④ 접객 태도

고객은 매장에서 직원의 응대를 받을 때, 나름대로 그 직원을 평가한다. 직원의 용모, 말씨, 태도, 복장 등은 고객이 해당 직원을 평가하는 중요한 기준이라고 할 수 있다. 고객에게 최대한 예의를 갖추고 친절한 상품 설명과 응대로 고객의 요구에 맞게 응대하도록 한다.

구 분	주요 내용	비 고
접객 태도 불만 발생 요인	• 고객 문의에 무성의한 대답 또는 무시를 할 때 • 고객의 정당한 요구를 거절할 때 • 무뚝뚝한 말씨와 성의 없는 태도로 응대할 때 • 지나친 상품 구입 강요 • 자리 이석으로 인한 업무 인수인계 미흡 • 매장 내 직원간 잡담 및 사적인 전화 통화 • 미흡한 상품 정보 제공으로 인한 상품 하자 발생 (세탁방법, 상품 취급 시 주의 사항 등)	

▼ 고객 응대 시 유의 사항

- 영수증이나 카드 매출전표가 있어야 환불 가능한 것이 원칙이나, 매출 조회 등의 구매 사실이 확인된 경우 증빙이 없어도 환불 가능하다.

- 신용 판매 데스크에 확인한 후 처리하도록 한다.

- 카드 매출전표 분실 주의

- 꼭 영수증을 드리고 매출전표를 잘 관리하도록 한다.

- 카드 사용 시 반드시 카드 뒷면을 확인한다.

- 본인 사용 여부 및 고객 서명을 확인한다.

- 직원 대휴 시 또는 자리를 비울 때는 업무 인수인계를 철저히 하도록 한다.

- 약속 이행 일지를 작성한다.

- 교환/환불 시 고객이 원하는 대로 해주도록 한다.

- 재판매가 불가능할 경우 왜 안 되는지 타당성을 설명하고 고객 상담실로 문의한다.
- 사은품 증정 행사 시 강매하지 않는다.
- 금액 제한에 따른 사정을 알기 쉽고 친절하게 설명한다.
- 상품권은 현재 60% 이상 사용 시 차액 환불이 가능하다.
- 매장에서 처리 곤란한 사항이 생길 경우 고객상 담실로 문의/의뢰한다.

⑤ 약속 불이행

아무리 작고 사소한 약속이라도 고객과의 약속은 무엇보다 소중하게, 열과 성의를 다해 처리하도록 한다. 고객과의 약속을 제대로 지키지 않은 한 명의 직원으로 인해 기업 전체에 대한 평가가 내려지기 때문에 책임감 있게 약속사항을 처리하도록 한다.

▼ 약속 불이행 발생 주요 원인

- 상품 맞춤 약속 일을 지키지 않았을 때
- A/S 및 수선약 속 일이 지연될 때   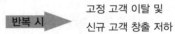 반복 시   고정 고객 이탈 및 신규 고객 창출 저하
- 배달 약속을 지키지 않았을 때

컴플레인이 발생한 상황을 선정해서 미리 현장 적용 시나리오를 작성해 보고 그에 따른 대처 응대 방법을 작성해본다.

현장 적용 시나리오 작성 및 Action Plan

■ 현장 적용 시나리오 작성 요령

양식

컴플레인 고객의 특성
성격 특성
요구 사항
기타 특이사항

실습 시나리오 작성 양식

I. 상황 개요

II. 시나리오 작성

접근 단계 / 내용	사용 스킬

1. 컴플레인 상황을 선정한다.
2. 컴플레인 고객의 특성을 정리한다. 이때 성격 특성, 요구 사항, 기타 특이 사항을 기록한다.
3. 시나리오를 작성한다. 이때는 상황, 접근 단계, 응대 시 사용 스킬(Skill)을 적는다.

- 컴플레인 처리 스킬 향상을 위한 나(우리 매장)의 변화 계획

단계	새롭게 달라져야 할 태도, 행동 (대상자)	구체적 실천 방법 (1개월 이내 실천 가능한 것)	실천 여부 (○,×)
1단계 (경청, 사과)			
2단계 (공감 표시)			
3단계 (대안 제시/설득)			
4단계 (거듭 사과와 감사)			

- Action Plan 실천에 대한 자기 점검과 평가 (작성 일시, 소속, 이름, 팀장 확인란)

단 계	실천 결과 나타난 효과	실천하지 못한 경우	
		원 인	향후 대책
1단계 (경청, 사과)			
2단계 (공감 표시)			
3단계 (대안 제시/설득)			
4단계 (거듭 사과와 감사)			

"우리는 친절한 사람을 좋아합니다."

그렇다. 고객은 늘 언제 어디서나 즐겁고 기분 좋은 서비스를 기대한다. 그래서 서비스가 만족스럽지 못할 때는 그만큼 불평이나 불만이 크다. 기대가 컸기 때문에 실망도 큰 것이라고 할 수 있다.

고객 불만이 발생하는 유형을 분석해 보면 다음과 같다.

고객의 기대에 못 미치는 서비스, 지연 서비스, 직원의 실수와 무례함, 약속 미이행, 단정적 거절, 책임 전가 등 서비스와 관련된 부분이 대부분이라고 할 수 있다. 그 외에도 자연의 힘에 의에 발생하는 문제나 시스템의 원인 같은 외부요인이 있다.

우리의 실수이건 다른 요인이건, 고객의 불만에 정면으로 대처하고 해결을 강구하여 고객만족을 이끌어 내는 것은 현장에 있는 직원들의 몫이다.

"당신은 친절한 사람입니까?"라는 질문에 주저 없이 "네!"라고 말할 수 있는 직원이라면 고객은 당신의 곁에 늘 함께할 것이다. 고객 응대에 최선을 다하는 것이 여러분이 일에 대한 보람을 느끼는 순간이 될 것이다.

🎤 불만 고객을 단골 고객으로 만드는 10가지 방법

① 먼저 사과 드린다.

"죄송합니다." 이 한마디는 불만 고객 응대에서 가장 중요한 포인트라고 할 수 있다. "미안합니다."보다 한 단계 높은 사과의 표현인 "죄송합니다."로 신속하게 유감의 뜻을 표현하도록 한다.

② 고객의 불만을 열심히 듣는다

고객의 말을 끊지 않도록 주의하며 잘 듣고, 불만인 문제를 파악하여 숨은 요인을 찾아내도록 한다. 이때 고객의 불만을 이해하고 함께 걱정하고 있다는 인상을 심어주도록 한다.

③ 변명은 하지 않는다

고객은 항상 옳다(Our customers are always right). 그리고 고객은 틀리는 법이 없다. 그러므로 설령 고객이 잘못 알고 있거나 우리가 정당하다 할지라도 규정 등을 내세우며 변명하여 고객의 노여움을 사지 않도록 한다.

④ 고객 관점의 어휘 사용으로 공감대를 형성하도록 한다

"저희에게 솔직하게 말씀해 주셔서 감사합니다.", "상황에 대해 말씀해 주신 덕분에 저희가 필요한 조치를 할 수 있었습니다. 감사합니다.", "많이 속상하시겠습니다. 죄송합니다." 등의 말로 고객의 입장에 있음을 느끼도록 한다.

⑤ 어깨를 나란히 마주하는 자세를 취한다

화가 난 고객과 정면으로 마주하면 도전적인 인상을 줄 수 있다. 나란히 서서 자연스럽게 고객의 편에서 상황을 보겠다는 마음을 고객에게 심어 주도록 한다.

⑥ 천천히 침착한 목소리로 이야기한다

톤을 낮춘 목소리는 침착한 분위기를 만들어 고객의 마음을 누그러뜨리는 효과가 있다.

천천히 이야기하는 것은 신중하게 단어를 선택함으로 실수를 적게 하게 하며 성실히 응대하는 이미지를 심어 준다. 꼭 기억하도록 한다!

⑦ 문제가 어려울 경우 관리자가 적극적으로 나서 해결을 돕도록 한다

"책임자 불러와", "점장 바꿔" 등의 말을 들어본 경험이 있을까? 원칙적으로 문제는 당사자가 해결해야 하는 것이나, 이런 경우에는 고객이 상사에게 불만 사항을 두 번 반복하지 않도록 상사에게 고객의 불만 내용을 가감하여 객관적으로 전달해 문제 해결을 돕도록 한다.

⑧ 장소를 바꿔 본다

긴 시간이 소요될 거라고 판단되거나 다른 고객의 시선을 많이 집중시킬 때가 있다.

그럴 땐 정중히 "죄송하지만, 상담실에 가서서 말씀해 주시겠습니까?" 등의 응대로 자연스럽게 고객을 다른 장소로 유도한다. 장소를 옮기고, 책임자의 사과를 받고, 차 한잔 마시는 시간을 가지는 과정에서 고객의 화는 가라앉게 되고 해결의 실마리를 찾게 될 것이다.

⑨ 대안을 강구한다

먼저 고객에게 대안을 제시할 수 있도록 한다. 고객의 요구를 다 받아들이지 못할 경우, 실현 가능한 최선의 대안을 제시한다. 이 경우에도 다시한번 고객에게 사과의 말을 한 후 고객과 적절한 합의를 도출하도록 한다.

⑩ 고객과 합의한 대안은 반드시 성실히 실천한다

고객과의 약속을 성실히 이행한 후, 이행 과정과 고객이 만족했는지에 대해 확인하는 절차가 필요하다. 전화를 해서 설명하는 작은 정성에 고객은 감동한다. 그리고 향후 동일한 고객 불만이 발생하지 않도록 내부적인 대책을 논의하도록 한다.

🎙 서비스 커뮤니케이션

가장 비싼 물건과 가장 싼 물건을 사 오라는 주인의 말에 하인이 혀를 구매해 온 탈무드의 예화가 있다. 하인은 주인에게 "세 치의 혀로 사람을 살릴 수도 죽일 수도 있다"라는 말처럼 사람의 목숨을 살릴 수 있는 것이 세상에서 가장 비싸므로 사온 것이고, 사람의 목숨을 죽일 수도 있는 것이 세상에서 가장 싸고 천한 물건이므로 혀를 사온 것"이라고 말한다.

혀를 잘 사용하면 보물보다 가치 있는 값진 물건이 되지만, 혀를 잘못 사용하면 가치가 떨어지므로 가장 보잘것없는 싸구려 물건이 된다는 뜻이다.

우리가 늘 사용하는 말은 상대방의 마음을 즐겁게 하기도 하고 상대방의 마음에 상처를 주기도 하고 불화의 씨를 만드는 원인을 제공한다.

한 마디의 말! 상대방의 입장에서 배려하고 정성 어린 말을 할 수 있도록 끊임없이 훈련하면서 습관을 들여야 할 것이다.

고객 접점의 이해

🎙️ 고객 접점(M.O.T)의 정의

M.O.T는 Moment Of Truth의 약자로 '진실의 순간'이라는 의미이다. 스페인어로는 Momento De La Verdad인데 투우에서 나온 말로 투우사가 소의 급소를 찌르는 순간을 가리키는 말이다. 즉 피하려고 해도 피할 수 없는 순간을 말하며 실패가 허용되지 않는 매우 중요한 순간을 의미한다. M.O.T는 '진실의 순간'이라는 통상적 번역보다 '결정적 순간'으로 해석되며 고객과 접하는 모든 순간, 즉 고객 접점을 말한다.

▼ 버스 운송자의 M.O.T

'승객과 만나는 소중한 순간'이란 뜻으로 승객이 승하차 및 버스를 이용해 보고, 그 서비스와 버스 이동에 대해 느끼고 평가하는 순간을 의미하며, 이를 고객 접점이라 한다. 고객 접점에서 고객만족과 불만족이 결정되는바, 고객 접점은 회사의 승부처이다.

🎤 단계별 기본 요령

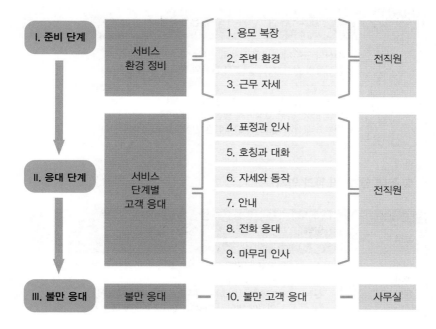

① 준비 단계 (주변 환경)

M.O.T		고객 접점 응대
고객	직원	
		각종 안내판이 잘 보이는지 확인한다.
		음향시설 등 각종 시설물을 점검한다.
		주변에 이물질이나 쓰레기는 없는지 확인한다.
		화장실이 청결한지 확인한다.
		문제점이 발견되었을 시 즉시 수선하고 해결한다.

② 준비 단계 (근무 자세)

M.O.T		고객 접점 응대
고객	직원	
	자세를 갖춘다	• 자신의 근무지에 바른 자세로 근무한다. • 음식물의 섭취, 흡연, 개인적 용무의 통화를 자제한다.
	마음가짐을 갖는다	• 모든 업무는 고객 서비스 마인드로 임한다. • 문의 고객, 방문 고객에게 항상 감사의 마음을 가진다. • 내부고객(상사, 동료)도 고객이란 인식으로 서로 협력한다.

③ 응대 단계 (표정과 인사)

M.O.T		방법	고객 접점 응대
고객	직원		
찾아온다	인사한다	신속 친절	• 밝고 명랑한 음성으로 고객을 바라보며 부드러운 미소로, 약례(15도)를 한다. • "안녕하십니까?", "무엇을 도와드릴까요?" • 의자에 앉아서 고객을 맞이하는 경우에는 목례로 한다.
기다리게 할 때	상황을 설명한다	친절	• 사정을 말하고, 정확한 대기시간을 미리 알린다. • "기다리시게 해서 죄송합니다. 현재 이용고객이 많습니다. 10분만 기다려 주시면 감사하겠습니다."
마주침	미소 짓는다	친절	• 복도나 계단 등에서 고객을 마주치면 부드러운 미소를 지으며 가볍게 목례한다. • 화장실에서 고객이나 상사와 마주쳤을 때 가볍게 목례한다.
두리번 거림	다가간다	친절 정확	• 도움이 필요해 보이면 먼저 다가간다. • "고객님 무엇을 도와 드릴까요?"라고 먼저 물어본다
출퇴근 시	반갑게 인사한다	친절	• 출근할 때 "안녕하십니까?", "좋은 아침입니다." • 퇴근할 때 "수고 많으셨습니다.", "먼저 퇴근하겠습니다." • "즐거운 주말 되십시오." • 망설이지 말고 먼저 적극적으로 인사한다.

④ 응대 단계 (호칭과 인사)

M.O.T		방법	고객 접점 응대
고객	직원		
방문	정중하게 대한다	친절	• 고객에 대한 호칭은 "고객님이나 회원님" • 이름을 알 경우에는 "박지연 회원님" 이라고 한다. • 나이가 어린 경우에도 "고객님"이라고 한다. (반말을 하지 않는다.)
전화 문의	친절하게 대한다	친절	• 전화로 요청과 문의해 왔을 때에는 "네+호칭+내용" 순으로 말한다. • "네, 고객님, 확인해 드리겠습니다."
화가 남	사과한다	친절	• 사과할 때는 "호칭+사과+내용" 순으로 말한다. • "고객님, 죄송합니다. 처리가 지연된 점 사과 드립니다."
대답함	요청한다	친절 정확	• 고객에게 인적 사항 등을 물어볼 때는 의뢰형으로 한다. • "고객님 죄송합니다만, 성함과 연락처를 말씀해 주시겠습니까?" • 복창 확인 "말씀하신 연락처가 ○○○이 맞으십니까?" • "고객님 죄송하지만, 다시 한번 말씀해 주시겠습니까?"
말함	경청한다	친절	• 경청할 때는 공감을 표현하면서 고개를 끄덕인다. • "네 고객님 잘 알겠습니다.", "아, 네 그러셨군요."

⑤ 응대 단계 (자세와 동작)

M.O.T		방법	고객 접점 응대
고객	직원		
	기본 응대	친절	• 고객을 응대할때에는 고객을 바라보며 이야기한다. • 남성 고객: 눈썹, 넥타이 매듭 사이를 바라본다. • 여성 고객: 눈썹, 목걸이라인 사이를 바라본다.
	안내말	친절	• 안내와 전달 동작은 안내말과 함께 한다.
	전달 자세	친절	• 물건은 허리와 가슴선 사이에서 전달한다. • 두손으로 드린다.
	자리 안내	친절	• 고객보다 나중에 앉고 나중에 일어난다.

⑥ 응대 단계 (안내)

M.O.T		방법	고객 접점 응대
고객	직원		
소장님 찾는다	처음 본 직원이 안내한다	신속 정확	• 담당자를 찾는 고객을 발견하면 담당자에게 안내한다. "소장님 찾아오셨습니까? 제가 안내해 드리겠습니다." "소장님 손님이 찾아오셨습니다." • 동료직원과 상사 이름을 부를 때 반드시 정확한 이름과 호칭을 말한다. (어이, 누구야, 김양, 이양 절대 안 됩니다.)
서류 찾는다	진행 사항을 안내한다	친절 정확	• 미리 업무를 요청한 고객 또는 업체 관계자에게 진행 사항을 안내한다. "네, ○○○님 요청하신 서류는 미리 준비해 놓았습니다."
메모 한다	추가사항 안내한다	정확	"○○○님, 서류는 11월 30일까지 준비하시면 됩니다." "이동훈님, 필요한 서류를 다시 안내해 드리겠습니다."
받는다	명함을 건넨다	정중	• 상담 후 명함을 건네주어 문의가 용이하도록 한다. "저는 ○○○입니다. 궁금하신 점이 있으시면 연락 주십시오."
문의	안내한다	친절	• 안내는 손동작과 방향을 가리키며 한다. "네, 고객님, 화장실은 계단 오른쪽에 있습니다."

⑦ 응대 단계 (전화 응대Ⅰ)

M.O.T		방법	고객 접점 응대
고객	직원		
전화 건다	받는다	신속	• 전화벨은 3회(5~6초)내에 받는다.
	인사한다	친절	• "첫인사+소속+이름" 순으로 말한다. "안녕하십니까? ○○팀 ○○○ 입니다.", "무엇을 도와드릴까요?" • 늦게 받은 경우 "사과+소속+이름" 순으로 말한다. "늦게 받아 죄송합니다. ○○팀 이홍식 입니다."
문의	문의 사항을 파악한다	친절 정확	• 문의 사항을 파악하고 문의 사항에 복창한다. "네, 고객님, ○○○ 말씀이십니까?"
	담당자를 연결한다	정확	"담당자는 ○○○씨 입니다. 연결해 드리겠습니다."

담당자가 부재 중이라고 말한다	친절	• 성의껏 안내하거나 다시 전화드릴 것을 약속한다. "고객님, 담당자가 현재 외근 중인데, 연락처를 알려 주시면 돌아오는 대로 바로 연락 드리겠습니다."

⑧ 응대 단계 (전화 응대 II)

M.O.T		방법	고객 접점 응대
고객	직원		
기다 린다	재확인한다	친절	• 고객을 기다리게 할 때 20초가 지나면 고객의 의 사를 재확인한다. "고객님, 현재 조회 중인데, 잠시만 더 기다려 주시 겠습니까?"
	추가 문의 사항을 확인한다	친절	"고객님, 더 궁금하신 사항은 없으십니까?"
	감사 인사를 한다	친절	• "감사인사 + 소속 + 이름" 순으로 말한다. "감사합니다. 경영정보팀 ○○○였습니다. 좋은 하루 되십시오."
	내용을 정리한다	정확	• 통화 후 내용을 정리하고, 메모를 하여 부재중인 직원에게 반드시 전달한다.

• 전화응대 시 공손하고 정중한 어투로 응대한다.
• 고객이 이해하기 쉬운 용어를 사용한다.
• 고객이 화를 내면 같이 흥분하지 않고 차분하게 응대한다.

⑨ 배웅 단계

M.O.T		방법	고객 접점 응대
고객	직원		
출구를 나선다	배웅 인사를 한다	정중 친절	• 퇴장하는 고객을 발견할 경우 밝은 표정으로 다가가 인사한다. "감사합니다. 안녕히 가십시오." • 정중하게 인사한다. (보통례)

⑩ 불만 응대 (사과 → 경청 → 원인 파악 → 대책 강구 → 방법 제시 → 실행 → 감사 표현)

| M.O.T | | 방법 | 고객 접점 응대 |
고객	직원		
불만 표출	사무실로 안내한다	정중 친절	• 언성을 높이는 고객을 다른 고객이 최대한 보지 않게 사무실로 안내한다.
	경청한다	정중 친절	• 고객의 소리를 경청하며, 말을 가로막지 않는다. • 공감대를 표현하는 쿠션용어를 적절히 구사한다. "네, 많이 불편하셨겠네요.""네, 충분히 이해합니다."
	해결책을 제시한다	친절	• 성의 있게 해결책을 알린다. • 미처리되었을 경우 "O월 O일까지 해결을 하겠습니다." "연락처를 남겨 주시면 확인되는 즉시 연락 드리겠습니다."
	사과 혹은 감사 표현을 한다	정중	• 다시 한번 불편을 드린 점에 대해 사과를 하고, 개선점을 알게 된 것은 감사 표현한다. "…한 점 대단히 죄송합니다. 너그럽게 이해해 주셔서 감사합니다. 차후에는 다시 불편을 드리지 않도록 주의하겠습니다."

🎤 호감을 주는 서비스

① 맞이인사

보통례를 하고 고객이 들어올 때 활기찬 목소리로 "안녕하십니까? 어서오십시오."라고 한다.

② 용건접수

목례를 하고 고객이 담당자 앞으로 올 때 고객에게 먼저 응대한다.

③ 문의 사항

"예, 무엇을 도와드릴까요?"라고 한다.

④ 안내

"고객님, 제가 안내해 드리겠습니다."라고 한다.

⑤ 자리를 권할 때

목례를 하고 정중하게 방향을 가리킨다.

⑥ 사과 시

정중례를 하고 업무 처리 지연, 업무 착오 발생 시 "대단히 죄송합니다."라고 한다.

⑦ 감사 시

정중례를 하고 감사함을 표현할 때 "고맙습니다.", "감사합니다."라고 한다.

⑧ 배웅 시

보통례를 하고 업무를 마치고 고객이 나가실 때 "안녕히 가십시오."라고 한다.

직원이라면 가져야 할 센스

상황별 태도

① 출근

- 적어도 근무 시작 15분 전까지는 출근하여 여유를 가지고 근무에 필요한 준비를 한다.
- 주위 사람들에게 밝고 친절하게 먼저 인사를 한다. 서로 간의 정겨운 인사는 명랑한 직장 분위기를 만든다.
- 근무 복장이 따로 있으면 복장을 바꾸어 입고 주변 정리 등 차분히 근무 준비를 한다.

② 지각

- 지각을 알리는 전화를 할 때는 먼저 사과와 함께 사유를 간단히 말하고 출근 예정 시간을 보고한다.

- 도착 전까지 실행되어야 할 급한 업무는 상사에게 보고하여 조치한다.
- 도착 보고 후 주의 동료에게도 사과의 말을 전한다.
- 침착하게 업무가 진행되도록 마음을 다스린다.

③ 조퇴

- 이유를 직접 보고하고 허가를 구한다.
- 조퇴 전에 업무를 마무리하고 미진한 부분은 상사에게 보고하고 동료에게 인계한다.

④ 외출

- 업무상 외출 시에는 행선지, 목적, 소요 시간을 상사에게 보고하고 허가를 받는다.
- 근무 중 자리를 뜰 때는 반드시 상사나 옆자리에 있는 사원에게 말해야 한다.
- 외출 시에는 책상을 간단히 정리하고 서류를 서랍 속에 넣어 둔다.
- 외출 장소에서 용건이 길어져 귀사가 늦어질 경우는 전화로 사정을 보고한다.

⑤ 퇴근

- 퇴근 전 미비한 사항이 없는지 점검한다.
- 도움을 필요로 하는 곳이 없는지 확인한다.
- 근무 시간이 끝난 뒤에 정리 정돈을 한다. 근무 시간이 끝나기 전부터

퇴근 준비를 서두르는 것은 함께 일하는 사람 들에게 미안한 일일 뿐 더러 볼썽사납기도 하다.

- 오늘 한 일을 점검하고, 내일 할 일을 메모해 둔다.
- 의자를 책상 밑으로 반듯하게 밀어 넣어 주변을 깔끔하게 정돈한다. 일거리를 책상 위에 늘어놓은 채 퇴근하면 뒤처리를 잘 할 줄 모르는 사람으로 여겨진다.
- 상사로부터 별도의 지시사항이 없는지 확인하고 퇴근 보고한다.

⑥ 결근

- 영업 개시 전까지 반드시 상사에게 연락한다.
- 연락을 취할 수 없을 경우 주위 사람에게 부탁하고 추후 확인한다.
- 다음날 출근 시 결근 사유를 분명히 보고하고 양해를 구한다.

⑦ 출장

- 출장을 갈 때는 여행 목적을 정확히 파악하고 사전에 치밀한 출장 계획을 세워야 한다.
- 출장 명령을 받았을 때는 출발 전에 반드시 언제부터 언제까지 며칠 동안 출장을 가게 되었다는 사실을 상사나 동료에게 알리는 것이 예의이다. 상사로부터 빠뜨린 사항이나 추가 지시가 있을 수 있으며, 동료들에게는 자신의 출장 기간 동안 업무에 지장이 없도록 하여 폐를 끼치지 않도록 한다.
- 목적지에서 수행할 일정표를 작성하고, 업무 수행에 필요한 서류나

지식을 준비한다. 일정표를 짤 때는 상사나 선배, 동료의 의견이나 도움을 청하는 것이 바람직하며, 그렇게 하는 것이 예절 바른 마음가짐이다.

- 여행을 떠나기 전에 반드시 휴대품을 점검한다. 여행 중에 필요한 것은 빠짐없이 준비하되 가급적이면 부피가 나가지 않도록 요령 있게 준비한다.

- 복장은 되도록 간편하고 활동적인 것이 좋다.

- 며칠 동안 목적지에서 체류해야 할 경우는 미리 숙소를 예약하지만, 그렇지 못한 경우에는 도착하는 즉시 숙소를 정하는 것이 회사와의 연락 등 여러모로 좋다.

- 차표나 비행기표 등은 가급적이면 왕복표를 미리 구입하는 것이 훨씬 경제적이며 안전하다. 만약 도중에 계획이 변경된 경우에는 지체 없이 회사에 연락해야 한다.

- 정해진 출장 기간 안에 목적을 완수하였을 때는 남은 시간을 유익하게 활용하도록 한다.

- 출장에서 돌아오면 우선 상사에게 구두나 전화로 보고하고 차후에 공식 보고서를 제출해야 한다.

🎙 직장 내 상대방에 대한 호칭

- 하급자나 동료에게는 성과 직위 또는 직위명으로 호칭한다.

- 하급자나 동급자 간에 자기의 호칭은 "나"를 사용한다.
- 상급자에게 차상급자의 지시나 경과를 보고할 때에는 직책이나 직위만 사용한다.
- 상관 존칭은 호칭에만 쓴다. (예를 들어, 병원장님실이 아니라 병원장실이라고 한다.)

🎙 상대별 태도

① 상급자

■ 지시 명령을 받았을 때
- 상사의 부름에 바로 "네"라고 답한 후 필기구를 준비하여 다가간다.
- 바른 자세로 목례를 한다.
- 지시는 끝까지 듣고 질문은 나중에 한다.
- 이해가 필요한 부분은 다시 질문을 한다.
- 지시 사항을 간결히 정리하여 복창한다.
- 상사 간의 지시 내용이 다를 때 그 사실을 직속 상사에게 보고하고 양해를 구한다.

■ 중간 보고
- 일의 진척도를 자주 보고한다.
- 시간의 소요, 상황의 변화, 문제 발생, 업무 윤곽의 구분 등을 보고한다.

■ 결과 보고

- 결론부터 말하고 경과와 경위를 설명한다.
- 단락을 지어가며 논리적으로 보고한다.

② 하급자

- 상사는 스스로 모범이 되어 솔선수범해야 하며, 상사의 솔선수범은 부하 직원을 지도하는 통솔력임을 명심한다.
- 부하 직원에게 주의를 줄 때는 감정을 배제하고 애정 어린 태도로 말을 한다.
- 부하 직원에게 주의를 줄 때는 적당한 장소를 이용하고, 비밀을 유지한다.
- 다른 직원과 비교하는 말을 삼간다.
- "수고했어", "잘했어" 등 칭찬과 격려를 아끼지 말아야 한다.
- 자신이 저지른 과오를 부하 직원에게 전가하는 것을 삼간다.
- 부하 직원의 인격을 존중하며 사사로운 심부름을 삼간다.
- 상사는 부하 직원이 창의력을 발휘하여 일을 할 수 있도록 분위기를 조성하여야 한다.

③ 고객 접대

- 손가락을 가지런히 모아 손바닥을 편다.
- 고객의 질문을 확인하는 눈 마주침을 한 후 가리키는 방향으로 시선을 보낸다.

- 손님이 인지하였는지 확인한다.
- 친근감 있게 고객이 불편하지 않을 정도의 가까운 거리에서 경청한 후 안내한다.
- 안내 후에도 잠시 서서 손님이 가는 방향을 확인한다.

■ 동행 안내

고객의 바로 옆에 서지 않고 1~2보 앞에 서서 안내할 방향을 따라 안내한다.

■ 계단 안내
- 계단을 오르거나 내려가기 전에 고객이 당황하지 않도록 "ㅇ층입니다."라고 안내말을 하며, 고객이 계단의 난간 쪽으로 걷게 한다.
- 올라갈 때는 뒤에서, 내려갈 때는 앞에서 걸어 고객보다 높은 위치가 되지 않도록 한다. 또는 안내자가 앞서는 것을 원칙으로 하되, 여성(고객이든 안내자든)인 경우에는 내려올 때 여성이 앞선다.

④ 장소별 태도
■ 보행
- 등을 곧게 세우고 어깨의 힘을 뺀다.
- 턱을 몸쪽으로 당기고 눈은 자연스럽게 앞을 본다.
- 엄지발가락에 힘을 주고 발바닥 전체가 고루 닿도록 내딛는다.
- 걷는 방향이 직선이 되도록 걷는다.

- 팔은 자연스레 앞뒤로 각도가 높지 않게 움직인다.

■ **복도**

- 부득이한 경우를 제외하고 뛰지 않는다.

- 좁은 곳에서는 옆으로 비켜서서 길을 양보하도록 한다.

- 여러 사람이 옆으로 나란히 서서 통로를 막고 가는 일이 없어야 한다.

- 상사나 환자, 손님과 나란히 걸을 때는 상대의 좌측에 서서 걷거나 3
  보 뒤에서 걷는다.

- 급한 일로 상사를 앞질러야 할 경우는 "실례합니다."라고 인사를 한다.

■ **엘리베이터**

- 대기하는 사람이 많을 경우 환자나 손님, 그리고 상위자에게 자리를
  양보한다.

- 안내원이 없을 경우 하위자가 먼저 타고 나중에 내리면서 여닫이 단
  추를 눌러 상위자가 타고 내리는 데 불편이 없도록 한다.

- 환자를 위해 직원은 되도록 계단을 이용한다.

- 커피 잔 등을 들고 타서는 안 되며 안에서 크게 잡담을 하거나 떠드
  는 행위도 삼간다.

- 엘리베이터 안에서 상사를 만나면 가볍게 목례를 한다.

- 엘리베이터 안에서 업무 이야기나 서류 등을 열어 보지 않는다.

- 엘리베이터의 만원 알림이 울릴 때는 반드시 내가 먼저 내리는 미덕
  을 보인다.

■ 계단

- 좁은 계단에서 추월하는 것은 피한다.

- 3명 이상 나란히 걷지 않으며 좁은 계단에서는 일렬로 걷는다.

- 계단은 한 계단씩 오르내린다.

- 출퇴근 등 많은 사람이 같은 방향으로 이동하는 경우는 한 사람 지나
  갈 부분을 남긴다.

- 손을 주머니에 넣고 걷지 않는다.

- 계단 가운데 서서 이야기하지 않는다.

- 계단에서 상사, 외래손님에게 인사해야 할 경우 올라갈 때는 2~3계
  단 앞에서 목례하며, 내려갈 때는 옆으로 나란하게 도착했을 때 목례
  한다.

- 양손 가득 물건을 든 상태에서 계단을 오르내리는 것은 가능한 한
  피한다.

직무 스트레스 관리

🎤 버스 운송자의 직무 스트레스

행위 주체자의 특성상 승객의 행동에 주의 집중해야 하며, 안전사고에 늘 유의하여야 한다. 업무와 관련된 정리 정돈 등 다양한 활동을 병행할 때 업무상 스트레스의 원인이 될 수 있다.

직무 스트레스란 일로 인해 심하게 압박감을 받을 때 나타나는 신체적, 심리적 반응을 말한다. 대개의 직무 스트레스 요인은 안전사고에 대비해 승객에게 항상 집중해야 하고, 동료 및 고객 응대 업무를 하면서 겪는 감정노동 등이다. 업무 중 불충분한 휴식 시간 등으로 인해 만성피로를 경험한다. 퇴직 후 삶에 대한 고용 불안도 스트레스의 요인이 될 수 있다.

'피로'는 일반적으로 '일상적인 활동 이후의 비정상적인 탈진 증상, 기운이 없어서 지속적인 노력이나 집중이 필요한 일을 할 수 없는 상태나 일상적인 활동을 수행할 수 없을 정도로 전반적으로 기운이 없는 상태'로 정의된다.

'피로'가 1개월 이상 계속되는 경우 '지속성 피로', 6개월 이상 지속되는 경우 '만성피로'라 부른다. 만성피로증후군은 잠깐의 휴식으로 회복되는 일과성 피로와 달리, 휴식을 취해도 호전되지 않는다. 만성피로증후군으로 인해 집중력 저하, 기억력 장애, 수면 장애, 위장 장애 등의 증상이 나타날 수 있다.

▼ 만성피로증후군 판단 기준

주요 증상
• 임상적으로 평가되었고, 설명이 되지 않는 새로운 피로가 6개월 이상 지속적 혹은 반복적으로 나타남 • 현재의 힘든 일 때문에 생긴 피로가 아님 • 휴식으로 증상이 호전되지 않음 • 만성피로 때문에 직업, 교육, 사회, 개인 활동이 증상이 나타나기 이전에 비해 실질적으로 감소함
주요 증상 외 다음 항목 중 4가지 이상이 동시에 6개월 이상 지속되는 경우 만성피로증후군으로 진단
• 기억력 혹은 집중력 장애 • 인후통 • 경부 혹은 액와부 림프선 압통 • 다발성 관절통 • 새로운 두통 • 잠을 자도 개운한 느낌이 없음 • 운동 혹은 힘들여 일을 하고 난 후 나타나는 심한 권태감
위의 증상들이 아래 나열되는 질환에 의한 것이면 만성피로증후군에 포함되지 않음
• 만성피로를 설명할 수 있는 현재 증상의 모든 기질적 질환: 갑상선 기능 저하증, 빈혈, 각종 만성질환, 부신피질 기능 저하증, 수면 무호흡증, 기면 발작, 약물 부작용 등 • 과거에 진단되었지만 회복이 증명되지 않았고 지속되었을 때 만성피로를 설명할 수 있는 모든 기질적 질환 • 정신과적인 주요 우울증, 양극성 정동성 장애, 조현병(정신분열증), 망상 장애, 치매, 신경성 식욕 부진, 대식증 • 만성피로가 시작되기 2년 전부터 그 이후에 생긴 알코올 혹은 기타 약물 남용 • 심한 비만(체질량 지수 45 이상)

출처: 서울대학교병원의학정보. http://www.snuh.org/health/nMedInfo/nView.do

🎙 직무 스트레스 관리

① 조직적 관리방안

- 간담회 등을 통해 관리자가 서비스 이용자에게 서비스 제공자의 고충 등을 전달하고 협조를 요청하는 등의 노력이 필요하다.
- 정해진 근로시간을 초과하지 않도록 한다.
- 업무상의 어려움이나 요구 사항을 알릴 수 있는 소통 체계를 마련한다.
- 직무 스트레스의 원인을 파악하고, 이를 예방하고 관리할 수 있는 방법에 대한 종사자 교육을 실시한다.
- 근무 중 발생하는 문제들에 대해 주의를 기울여 듣고 긍정적이고 적극적으로 반응하여 지지를 제공한다.
- 다른 채널(유사 직업군)과 공감의 시간을 주선하여 서로 경험을 공유하고, 문제 발생 시 대처방안을 공유하도록 한다. 이를 통해 서로 지지 체계를 확립해 갈 수 있도록 한다.
- 서비스 제공자들이 자신이 수행하는 업무에 대해 자긍심을 가질 수 있도록 존중하는 분위기를 조성한다.

② 개인적 관리방안

- 직무 스트레스 발생 시 자신의 어려움을 공유하고, 도움을 받을 수 있는 동료나 멘토를 만들어 대화를 나눈다.
- 고객 및 사용자들과 원활한 의사소통을 위해 효율적인 의사소통 방법을 익힌다.

- 건강한 생활습관을 유지한다.

- 규칙적으로 운동한다.

- 올바른 식습관을 유지한다.

- 하루 7~8시간의 쾌적한 수면시간을 유지한다.

- 카페인이 많이 든 음식 섭취를 줄인다.

③ 직무 스트레스 증상 완화 및 요인별 관리방안

■ 직무 스트레스 증상 완화를 위한 방법

- 스트레스의 원인을 알기 위한 자기 심리나 활동 내용을 관찰한다.

- 감정 조절에 도움이 되는 복식호흡을 연습한다.

- 긴장 해소를 위한 근육 이완을 훈련한다.

- 스트레스 발생 상황에 대하여 긍정적으로 생각한다.

- 스트레스가 쌓이거나 화가 났을 때 마음에 쌓아두지 않고 자신의
  감정을 표출한다.

- 자신의 감정과 의견을 명확하게 전달하는 자기 주장 훈련을 한다.

▼ 직무 스트레스 증상 완화법

대처법	내 용
자기 관찰	원인이 된 스트레스를 알아내기 위하여 문제 상황에 대한 자신의 반응 양상을 일일 행동 기록지에 적는다.
복식호흡법	양손을 아랫배에 대고 천천히 숨을 들이마시고 내쉰다(코나 목으로 호흡하는 것이 아니라 아랫배를 이용해 숨을 쉼).
근육이완법	근육에 주의를 집중시켜 불필요한 긴장을 해소하는 단계적인 훈련을 한다.

긍정적으로 생각하기	어쩔 수 없이 직무스트레스가 발생하는 상황이라면 즐겁게 받아들이고, 자신이 해야 하는 일을 즐겁게 열심히 하도록 긍정적인 생각을 한다.
자신의 감정 털어놓기	화가 났을 때 마음에 쌓아 두지 않고, 글을 쓰거나 낙서를 해서 자기감정을 표출한다.
자기 주장훈련	다른 사람을 비난하거나 불쾌하게 만들지 않으면서 자신의 욕구나 생각, 감정 등을 명확히 주장하는 방법을 훈련한다.

출처: 고용노동부 • 한국산업안전보건공단. 2017. 근로자 자살예방 직업건강가이드

④ 고객과 서비스 제공자 사이에 상호 존중하고 신뢰하는 문화가 형성될 수 있도록 '이용자 – 서비스 제공자 간 상호 존중 수칙'을 알림판 등에 게시하고 이용자에게 수시 안내를 유도한다.

▼ 서비스 제공자 간 상호 존중 수칙(예: 운송업)

- 이용자
1. 서비스 제공자에게 배려와 존중의 언어를 사용한다.
2. 서비스 제공자의 어려움을 이해하고, 관련 서비스만 요구한다.
3. 서비스 제도에 대해 충분히 공유한다.
4. 서비스 제공에 관한 장소와 이용 시간을 지킨다.
5. 서비스 제공자의 사생활 보호를 위해 영상정보처리기기(CCTV, 네트워크카메라 등) 설치를 사전에 알린다.

- 서비스 제공자
1. 이용자의 인권을 최우선으로 존중하고 배려한다.
2. 이용자의 건강 상태, 상황 등 상시적으로 안전을 살피며, 업무 중에 개인 용무를 보지 않는다.
3. 이용자의 소통 방식을 존중하고, 요구 사항에 대하여 적극적으로 경청한다.
4. 서비스 이용에 관한 장소와 시간을 지킨다.
5. 이용자의 사생활을 보호하고 존중한다.

⑤ 서비스 제공자의 고객 응대 매뉴얼을 작성하고 게시, 교육을 활성화 한다.

▼ 고객 응대 매뉴얼에 포함할 내용(예: 운송업)

- 고객 응대 서비스 제공자의 건강 보호 매뉴얼의 목적
- 고객 응대 서비스 제공자의 응대 업무를 관리해야 할 근거
- 고객 응대 서비스 제공자의 고객응대 커뮤니케이션 전략
- 문제유발 이용자의 유형 분류
- 상황별 응대 멘트
- 폭언, 폭력 발생 시 대응 절차
- 고객 응대시 서비스 제공자의 권리 보장
- 제공기관 내 지원 체계
- 고객 응대 업무로 인한 감정손상 예방 대책
- 도움 요청기관

※ 자료: 한국산업안전보건공단. 2018. 고객응대업무 종사자 건강보호 매뉴얼 작성
   지침을 참고하여 운송자에 맞게 재구성함

▼ 알아두면 좋은 고객 응대 매뉴얼(예: 운송업)

- 입구 혼잡: 입구가 혼잡스럽습니다. 조금씩 안쪽으로 들어가 주시기 바랍니다.
- 차내 정숙: 차내에서는 작은 목소리로 대화나 통화해 주시기 바랍니다.
- 하차 태그: 환승 시 하차 태그를 하시기 바랍니다. 하차 태그를 하지 않을 경우 환승이
  되지 않습니다.
- 손잡이: 사고 위험이 있으니 손잡이를 꼭 잡아주시고 차가 완전히 정지한 후 움직여 주
  시기 바랍니다.
- 하차 벨: 내리실 분은 미리 벨을 눌러 주시기 바랍니다.
- 냉난방: 차내 냉난방 중이오니 창문을 닫아주시기 바랍니다.
- 분실물: 놓고 내리는 물건이 있는지 확인 바랍니다.
- 차내 환경: 쾌적한 탑승 환경을 위하여 차내에서 음식물 섭취를 금하여 주시고 쓰레기
  는 가지고 내립시다.

• 한국형 감정 노동 평가 도구

설문 문항	전혀 그렇지 않다	약간 그렇지 않다	약간 그렇다	매우 그렇다
1. 고객에게 부정적인 감정을 표현하지 않으려고 의식적으로 노력한다.	1	2	3	4
2. 고객을 대할 때 회사의 요구대로 감정 표현을 할 수밖에 없다.	1	2	3	4
3. 업무상 고객을 대하는 과정에서 나의 솔직한 감정을 숨긴다.	1	2	3	4
4. 일상적인 업무 수행을 위해서는 감정을 조절하려는 노력이 필요하다.	1	2	3	4
5. 고객을 대할 때 느끼는 나의 감정과 내가 실제 표현하는 감정은 다르다.	1	2	3	4
6. 공격적이거나 까다로운 고객을 상대해야 한다.	1	2	3	4
7. 나의 능력이나 권한 밖의 일을 요구하는 고객을 상대해야 한다.	1	2	3	4
8. 고객의 부당하거나 막무가내 요구로 업무 수행의 어려움이 있다.	1	2	3	4
9. 고객을 응대할 때 자존심이 상한다.	1	2	3	4
10. 고객에게 감정을 숨기고 표현하지 못할 때 나는 감정이 상한다.	1	2	3	4
11. 고객을 응대할 때 나의 감정이 상품처럼 느껴진다.	1	2	3	4
12. 퇴근 후에도 고객을 응대할 때 힘들었던 감정이 남아 있다.	1	2	3	4
13. 고객을 대하는 과정에서 마음의 상처를 받는다.	1	2	3	4
14. 몸이 피곤해도 고객들에게 최선을 다해야 하므로 감정적으로 힘들다.	1	2	3	4
15. 직장이 요구하는 대로 고객에게 잘 응대하는지 감시를 당한다.(CCTV 등)	1	2	3	4
16. 고객의 평가가 업무 성과 평가나 인사 고과에 영향을 준다.	1	2	3	4
17. 고객 응대에 문제가 발생했을 때, 나의 잘못이 아닌데도 직장으로부터 부당한 처우를 받는다.	1	2	3	4
18. 고객 응대 과정에서 문제 발생 시 직장에서 적절한 조치가 이루어진다.	1	2	3	4
19. 고객 응대 과정에서 발생한 문제를 해결하고 도와주는 직장 내의 공식적인 제도와 절차가 있다.	1	2	3	4

20. 직장은 고객 응대 과정에서 입은 마음의 상처를 위로받게 해준다.	1	2	3	4
21. 상사는 고객 응대 과정에서 발생한 문제를 해결하기 위해 도와준다.	1	2	3	4
22. 동료는 고객 응대 과정에서 발생한 문제를 해결하기 위해 도와준다.	1	2	3	4
23. 직장 내에 고객 응대에 관한 행동 지침이나 매뉴얼(설명서, 안내서)이 마련되어 있다.	1	2	3	4
24. 고객의 요구를 해결해 줄 수 있는 권한이나 자율성이 나에게 주어져 있다.	1	2	3	4

주: 1) 문항 번호 1~5: 감정 조절의 노력 및 다양성
　　 문항 번호 6~8: 고객 응대의 과부하 및 갈등
　　 문항 번호 9~14: 감정 부조화 및 손상
　　 문항 번호 15~17: 조직의 감시 및 모니터링
　　 문항 번호 18~24: 조직의 지지 및 보호 체계
　 2) 영역별 환산 점수 = (해당 영역의 각 문항에 주어진 점수의 합 - 문항 개수) / (해당 영역의 예상 가능한 최고 총점 - 문항 개수) × 100

■ 한국형 감정노동 평가도구의 요인별 성별 참고치

감정노동 하부 요인		정상	주의
감정 조절의 노력 및 다양성	남자	0 ~ 76.66	76.67 ~ 100
	여자	0 ~ 83.32	83.33 ~ 100
고객 응대의 과부하 및 갈등	남자	0 ~ 61.10	61.11 ~ 100
	여자	0 ~ 61.10	61.11 ~ 100
감정 부조화 및 손상	남자	0 ~ 58.32	58.33 ~ 100
	여자	0 ~ 58.32	58.33 ~ 100
조직의 감시 및 모니터링	남자	0 ~ 38.88	38.88 ~ 100
	여자	0 ~ 38.88	38.88 ~ 100
조직의 지지 및 보호 체계	남자	0 ~ 45.23	45.24 ~ 100
	여자	0 ~ 45.23	45.24 ~ 100

자료: 한국산업안전보건공단. 2016. 고객응대 근로자의 감정노동 평가 지침

버스 운송자 친절서비스 행동지침(MANUAL)

구분	반드시 실천해야 할 일	이것만은 하지 맙시다
행동 및 화법	• 명찰은 반드시 패용합시다.(이름이 보이도록) • 복장은 늘 청결하게 유지합시다.(복장규정준수(오염/다림질) • 항상 바른 자세로 운행합니다. • 승객 탑승 시 반드시 맞이인사를 합시다.(눈 맞춤/멘트/목례) • 승객 탑승 시 밝은 표정으로 응대합시다.(눈맞춤/미소) • 감사의 마음으로 배웅 인사를 합시다. • 버스 요금 가격표를 수시로 확인하여 착오가 없도록 합시다. (성인, 학생, 카드, 현금 가격) • 주정차 시 고객이 탑승하면 즉시 반갑게 인사합시다. (사전 처리하며 응대하기) • 운행 시 고객안전을 최우선으로 합시다. • 노선 안내 시 충분한 안내가 될 수 있도록 노선지식 습득에 최선을 다합시다. (거리/시간/지명/환승/가격 등) • 승객을 호칭할 때: 승객님(답변 시: 네, 승객님! 안녕하십니까?) • 안내 시 차량 내 비치된 핀 마이크로 정확한 방향 및 위치를 안내합니다. • 승객의 돌발 상황 시 응급조치 등을 실시합니다. • 분실물 취득시 운행 종료 후 분실물 보관실에 즉시 제출합니다. • 승객 맞이인사 시 승객의 눈을 보며 밝은 표정, 밝은 목소리로 "(배시시)승객님, 안녕하십니까? 어서오십시오." • 승객이 버스요금 결제 관련 질문시 "(배시시)승객님, 제가 안내해드리겠습니다." • 승객 배웅인사시 감사의 마음을 담아 "(배시시)승객님, 고맙습니다. 즐거운 하루되십시오." • 승객이 부르면 (기사님~~) "승객님, 안녕하십니까? 무엇을 도와드릴까요? 고맙습니다. 즐거운 시간 되십시오. (감사인사) • 승객을 기다리게 할 경우 "승객님, 죄송합니다만 잠시만 기다려 주시겠습니까?" "승객님, 기다려 주셔서 고맙습니다."	• 무표정하거나 고개로만 하는 인사는 하지 맙시다. • 방향 안내 시 손가락이나 턱으로 가리키지 맙시다.(손바닥 사용) • 운행 시 승객이 착석 전 출발하지 않습니다. • 운행 시 잡담하거나 나른히 운행하지 않습니다. • 운행 중에는 안내및/핸드폰 사용은 하지 맙시다. • 벨소리는 진동으로 합시다. • 고객 응대 시 '안 됩니다', '없습니다', '모릅니다'라고 말하지 않습니다. • 직원 상호간 반말은 하지 맙시다. (~씨로 호칭) • 승객에게 권위적이거나 무언의 행동은 삼가합니다. • 승객 응대 시 "안 됩니다", "모릅니다", "없습니다", "모릅니다"라고 말하지 않습니다. • 승객의 불편 사항을 방관하지 맙시다 (1차 응대 직원 해결) • 근무 중 취식을 하지 맙시다. (껌, 사탕, 음료 등) • 흡연시 지정된 흡연 구역을 이용합니다.

커뮤니케이션은 종합예술

어쩌면 추상적으로 들릴지 모르겠으나, 커뮤니케이션 훈련의 시작과 끝은 마인드에 있다. 내가 커뮤니케이션을 배우려는 목적이 무엇인지, 어떤 마음으로 시작하려는지를 먼저 확인해야 비로소 앞으로 나아가야 할 방향이 보인다. 이 마음가짐은 때로는 고된 훈련 과정에서 포기하지 않고 꾸준히 나아갈 힘이 되어 주기도 한다. 다양한 종류의 커뮤니케이션 코드를 익히고, 목소리를 관리하고, 보디랭귀지를 구사하는 것은 어찌 보면 부차적인 것에 불과하다.

단순히 기술만을 익히려 든다면 변화에 앞서 조급한 마음이 먼저 들고, 사소한 실수나 좌절에도 쉽게 지치게 된다. 뭔가를 배우기 이전에 현재의 내 상태를 먼저 인지하는 것만으로도 이미 절반, 아니 그 이상의 변화는 이뤘다고 볼 수 있다. 사람에게 있어 진정한 변화는 의지의 영역이 아니라 인지의 영역이기 때문이다. 따라서 백 번 각오하고 다짐하는 것보다 한 번 제대로 깨닫는 것이 필요하다. 다양한 커뮤니케이션 이론과 실습 과정을 책으로 엮으며 마지막으로 남기고 싶은 조언이기도 하다.

비록 흡족하진 않지만 유튜브 채널을 통해 실제 목소리를 들려드리고자 했다. 표지 앞날개의 QR 코드를 활용하시길 권한다. 텍스트로 이해하기 어려운 부분은 눈으로 보고 귀로 들으며 이해하는 편이 낫기 때문이다.

목소리가 중후하고 멋있다고 해서, 사용하는 언어가 화려하다고 해서, 보디랭귀지가 적절하다고 해서, 혹은 청중의 흥미를 유발할 수 있는 이야기 소재가 많다고 해서, 커뮤니케이션이 반드시 성공적인 결과를 낸다고 보장하기는 어렵다. 이 모든 것들이 상대와 목적, 장소에 따라 적절히 사용되었을 때 당신의 말 한마디가 비로소 청중의 귀가 아닌 마음에 닿고 깊은 울림을 줄 수 있다. 커뮤니케이션은 기술이 아니라 종합예술이다.

사람은 누구나 자신만의 이야기를 가지고 있다. 그리고 그 이야기는 이 드넓은 우주 어디에도 없는, 오직 당신만이 가진 고유한 이야기다. 많은 사람이 당신의 이야기를 궁금해하고 있다. 나 역시 그들 중 한 사람이다. 이제는 당신이 당신만의 이야기를 들려줄 차례다.

지홍선

1. 도서

- 『스타일 스위칭』, 김명희 외 저, 슬로디미디어, 2016
- 『한국인과 문화 간 커뮤니케이션』, 김숙현 외 저, 커뮤니케이션북스, 2006
- 『사랑의 기술』, 로버트 스턴버그 저, 류소 편역, 사군자, 2002
- 『비언어 커뮤니케이션』, 마크 냅·주디스 홀·테런스 호건 저, 최양호·김영기 역, 커뮤니케이션북스, 2017
- 『무엇이 CEO를 만드는가』, 서우경 저, 김영사, 2015
- 『몸짓 읽어 주는 여자』, 이상은 저, 천그루숲, 2018
- 『NLP 입문』, 조셉 오코너·존 시모어 저, 설기문 외 역, 학지사, 2010
- 『바디 랭귀지』, 줄리어스 파스트 저, 이희구 역, 한마음사, 1994
- 『성격을 읽는 법』, 폴 D. 티저·바버라 배런 티저 저, 강주헌 역, 더난출판, 2016
- 『얼굴의 심리학』, 폴 에크먼 저, 이민아 역, 바다출판사, 2006
- 『언마스크, 얼굴 표정 읽는 기술』, 폴 에크먼 저, 함규정 역, 청림출판, 2014

2. 기타

- 고용노동부·한국산업안전보건공단, 근로자 자살 예방 직업 건강 가이드, 2017
- 「동서양 문화권에 따른 이미지, 애니메이션 이모티콘 사용 양상 차이점 연구」, 김유래·전수진, 《Journal of Integrated Design Research》, 인제대학교디자인연구소, 2018
- 서울대학교병원 의학 정보, http://www.snuh.org/health/nMedInfo/nView.do
- 「이모티콘」, 위키백과, Retrieved October 1. 2019(https://ko.wikipedia.org/wiki/%EC%9D%B4%EB%AA%A8%ED%8B%B0%EC%BD%98)
- 한국산업안전보건공단, 고객 응대 근로자의 감정노동 평가 지침, 2016